王壽南作品集 一

武則天傳

王壽南 著

自序

二〇〇四年到二〇〇七年間，我雙眼失明，幸蒙上帝的恩典，二〇〇七年年底我重獲光明。在三年多的失明期間，在妻子吳涵碧的鼓勵下，我嘗試用口述的方式來寫文章，文章的內容以歷史分析為主，在《歷史月刊》發表，每月一篇，長達三年，其後將刊出的部分彙集成冊，成為《照照歷史的鏡子》一書，由臺灣商務印書館出版。

眼睛復明後，我對口述的方式感到興趣，正巧有一個廣播電台邀請我去上節目，要我就歷史文化、人生哲學和信仰問題做專題分析，講題由我自定，每個月講兩次，大約講了一年。有一天，電台負責人對我說，我在電台每次講一個題目，彼此互無關聯，何不來一個「長篇」，像連續劇一樣，以歷史人物為主題。我聽了他的建議，考慮幾天之後，決定講武則天，因為武則天對中國人來說，知名度很高，她的一生波濤起伏，故事性強，容易引起聽眾的興趣。在電台共講了四十五次，我把講稿彙集起來就成了這本小書。

如果讀者有興趣聽我親口講的故事，可以上網查「遠東福音會」（http://www.feearadio.net/），聲音與文字對照，相信可以增加閱讀興趣。

本書的性質為人物傳記，以傳主為主軸，所以對當時的制度、社會、經濟、文化等均略而不述，可以讓讀者集中注意力於武則天本人，不致分散焦點。本書寫作係以正史及歷史研究者認為可靠的史料為依據，不虛構情節，不捏造人物，因此本書不是小說，而是真實的歷史傳記。由於本書原是廣播講稿，務求聽眾容易接受，於是不引用史籍的原文，也避免用考證、辨析、詮釋等學術論文的方式，而用平實的敘事方式呈現出來，讓讀者對武則天這個人有較清晰的認識。

如果就道德的觀點來評論，武則天絕對是一個負面人物，她殘忍狠毒、不仁不義、殺人如麻、兩手血腥，是一個不值得標榜的女人。然而她是中國歷史上唯一的女皇帝，這也是事實，中國人會對她發生興趣是可想而知的事。本書只是忠實地敘述一個歷史人物的生平故事，至於善惡是非則由讀者自行評析。

本書得以問世，我要感謝遠東福音會的陳民本教授、于厚恩牧師、陳鼎明先生、臺灣商務印書館的總編輯方鵬程先生、編輯部經理李俊男先生等的大力支持，我也要感謝我的妻子吳涵碧女士對我生活的照顧和不斷的鼓勵。

本書如有缺失和不周全之處，尚請各位先進多多賜予指教和包含。

王壽南 謹識

二〇一三年五月十二日于台北靜軒

目錄

引子

神龍元年（西元七〇五年）正月二十五日上午，洛陽上陽宮的院子裡擠滿了人，他們穿著朝服，都是朝廷的文武大臣，在皇帝唐中宗李顯的率領下來到上陽宮，向唐中宗的母親——剛退位的女皇帝問安，並且為女皇獻上一個尊號：則天大聖皇帝。

這位女皇在位十五年，在即位以前，她就有「聖母神皇」的尊號。登上皇位以後，她有許多尊號，包括：「聖神皇帝」、「金輪聖神皇帝」、「越古金輪聖神皇帝」、「慈氏越古金輪聖神皇帝」、「天冊金輪大聖皇帝」、「大聖皇帝」等。現在，她退位了，兒子唐中宗尊稱她為「則天大聖皇帝」，後人便稱她為「武則天」。其實；武則天只是她的姓和尊號連在一起。她真正的名字是「武曌」，不過後人很少用名字來稱呼她。

武則天是個奇人，她的人生經歷變化曲折，多采多姿，卻也驚濤駭浪，滿地血腥。在這條路上，前無古人，後無來者。她一人獨行，不知是驕傲？還是悲哀？

一、武則天的家世

「皇帝」的尊號是秦始皇創立的，一直到清朝宣統皇帝退位才終止。「皇帝」的尊號沿用了二千多年。皇帝是擁有最高政治權力的人，皇帝的命令可以超越法律，全國人民的生死榮辱都操在皇帝手中。在二千多年來，皇帝職位全由男人擔任，只有武則天是中國歷史上唯一的女性皇帝，所以武則天在中國歷史上特別受到注目。

武則天能登上男性獨霸的皇帝寶座絕非偶然之事，也不是容易做到的事。在武則天走到皇帝寶座的路上，充滿了人性的詭詐，灑滿了許多人的血淚。

武則天是山西文水縣人。父親武士彠是木材商，而且擁有大片森林，是個富有的商人。武士彠善於交際應酬，結交許多官場人物，在山西太原一帶的達官貴人常和武士彠來往。隋煬帝末年，李淵擔任太原留守，類似太原市市長兼太原警備司令，李淵便和武士彠交情深厚，李淵到文水地區巡察時，便在武士彠家住宿。

隋煬帝大業十三年（西元六一七年），李淵從太原起兵反隋，從太原攻入長安，武士彠追隨李淵，官職是大將軍府鎧曹參軍，職務大概是掌管武器的工作。唐朝建立後，武士彠在朝廷任官，先後擔任過利州都督、荊州大都督和工部尚書。

武士彠結過兩次婚。第一位妻子是相里氏，生了兩個兒子，長子叫武元慶，次子叫武元爽。相里氏去世以後，武士彠又娶楊氏為妻，楊氏是隋朝皇室觀王楊雄的侄女，雖然隋朝已滅亡，但舊皇室的成員仍是高門望族。武士彠娶楊氏為妻，顯然是想藉與名門望族聯姻以提高自己的社會地位。楊氏生了三個女兒，武則天是楊氏所生的次女。

武則天是唐高祖武德七年（西元六二四年）生於利州（四川廣元縣）。當時，她的父親正任利州都督。當武則天的年紀還很幼小的時候，據說有一位擅長看相的人名叫袁天綱，經過利州，武士彠請袁天綱為妻子楊氏看相。袁天綱說：「夫人骨法非常，必生貴子。」又為武士彠的兩個兒子：武元慶、武元爽看相，袁天綱說：「你們官位可以做到刺史。」接著為楊氏的長女看相，袁天綱說：「這女孩能成貴人，但不利其夫。」最後，楊氏把次女抱來，這時武則天才七、八個月大，還不會走路，楊氏把武則天打扮得像個男孩子，穿男孩的衣服，戴男孩的帽子，袁天綱看了這孩子，大驚說道：「這孩子若是女的，當為天下主。」

袁天綱為武士彠家人看相的故事出自唐人小說《談賓錄》，《舊唐書》的〈方伎傳〉也提到。但這個故事不足採信，因為袁天綱說武元慶、武元爽的官職和楊氏長女的遭遇完全正確，武則天的相看得太準了，說一個女人可以「為天下主」，這是打破傳統中國人的觀念和中國人的經驗法則。一個相士說到百分之百正確，反而讓人不敢相信。想來這段看相的故事是武則天當了皇帝以後，有心人編造出來的，在社會裡流傳開來。《談賓錄》的作者便把這則流傳的故事寫出來。在中國歷史上，許多成名的人物都有人為他們事蹟編造一些故事，例如說五代後梁太祖朱溫出生時，紅光滿室，透到屋頂，村裡的人們看到朱家屋頂有紅光，以為是失火了，竟提了水桶來救火；又如清朝平定太平天國的曾國藩患有皮膚病，和朋友下棋，邊下棋邊抓手臂，一盤棋下完，桌上滿是曾國藩的皮屑，於是有人說曾國藩是蟒蛇轉世，因為蛇會脫皮。其實這都是人們附會偽造的說法。所以袁天綱為嬰兒時的武則天看相，說武則天「當為天下主」的故事應該是武則天做了皇帝後，當時人附會編造出來的。

武則天出生在富貴之家，童年生活似乎應該幸福美滿，其實不然，武則天的父親先娶相里氏為妻，生了兩個兒子武元慶和武元爽，相里氏死後，又娶楊氏為妻，當時武元慶、武元爽的年齡和楊氏差不多，這兩兄弟對年紀太輕的「繼母」沒有尊敬的心理，使楊氏感受到委屈。當武則天十二歲時，父親去世，武家的產業由武元慶、武元爽兩兄弟掌管，他們對繼母楊氏和其所生的三個女兒沒有好臉色。楊氏和三個女兒雖然衣食無虞，但在家族中受到欺凌、輕視，使楊氏和她三個女兒在心理上深深感到痛苦和滿腹心酸，覺得她們母女真是寡婦孤女。

武則天的童年是不快樂的。她那種被壓迫的感覺深深地影響到她的人格成長，造成她後來強烈的權力慾和殘忍的性格。心理學家認為一個人的童年生活會影響他的人格形成和行為取向，一個生活在溫暖家庭中的兒童，成年以後的性格較容易顯現出善良、溫和，相反地，一個生活在冷漠、暴力、痛苦家庭中的兒童，成年以後較容易表現出粗暴、仇恨、詭詐的行為。武則天的一生故事正好可以給這個心理學上的說法做一個證據。

唐太宗貞觀十一年（西元六三七年），武則天十四歲，被徵召進入皇宮，做了唐太宗的才人，成為太宗的妃子。據說武則天進宮的那天，母親楊氏抱著女兒痛哭。中國人常說：「一入侯門深似海」，所謂「侯門」就是王公大臣的家，嫁到王公大臣們的家，規矩繁多，庭院深深，外面的人就很難見到面了。現在女兒要進皇宮，皇宮比侯門更深了，進去以後，恐怕更見不到面了。難怪楊氏捨不得女兒一去不回，要抱著女兒痛哭了。可是武則天卻很鎮靜地對母親說：「見天子豈知不是福呢！媽，你哭什麼呀！」

武則天十四歲嫁人，也許有人認為年紀太小，其實唐代社會盛行早婚，唐太宗即位之初就宣布女子十五歲是合法的結婚年齡，後來又把女子合法結婚年齡降到十三歲，如果從唐朝人的傳記和詩人的詩詞裡觀察，唐朝女子實際婚嫁的年齡是十四歲到十八歲之間最多。所以，武則天十四歲入宮是合適的。

武則天入宮的頭銜是「才人」。「才人」的意思不是有才之人，「才人」是皇帝妃子中的一個頭銜。在皇帝的後宮中，皇后的地位最高，其次是貴妃、淑妃、德妃、賢妃各一人，稱為「四夫人」；再其次是昭儀、昭容、昭媛、修儀、修容、修媛、充儀、充容、充媛各一人，稱為「九嬪」；再其次是婕妤、美人、才人九名，最後是寶林、御女、采女各二十七人；寶林以下就是宮女，那是皇宮裡的丫鬟婢女。所以，皇帝的妃子從貴妃到采女有一百二十一人。其實這是制度上的安排，實際上皇帝的妃子常超過制度上的數目，而頭銜也不斷增加。在制度上，四夫人是高級妃子，九嬪是中級妃子，婕妤、美人、才人、寶林、御女、采女都是低級妃子。

武則天是一個很想出人頭地的人，如果有機會她一定會努力抓住。表現她的才能。有一天，唐太宗得到一匹駿馬，召集群臣來看，唐太宗說：「這是一匹好馬，只是野性很強，你們誰能駕馭牠？」群臣都在仔細察看這馬，還不及回答，站在旁邊的武則天說：

「我能駕馭牠。」

「哦？」唐太宗驚奇地望著武才人：「你一個弱女子怎麼能駕馭得了這匹野性剛烈的馬？」

武才人回答道：「請皇上賜我三樣東西。」

「哪三樣？」唐太宗好奇地問。

武才人從容地說：「一條鐵鞭，一個鐵錘，一把匕首。我先用鐵鞭打牠，牠若不服，我就用鐵錘擊牠的頭，牠如果再不服，就匕首割斷牠的咽喉。」

唐太宗雖然驚奇武才人駕馭野馬的方法，但沒有給她那三樣東西，也沒真的讓武才人去駕馭那匹馬。

不過，武則天在後來登上皇位的過程中，確是用了她想駕馭野馬的手段制服那些反對她的敵人。

武則天十四歲入宮做了唐太宗的低級妃子，她在宮中的生活，史書上沒有紀錄，但可以確定的是她沒有為唐太宗生過孩子，她在宮裡住了十多年，直到唐太宗去世，她才離開皇宮。

二、二次進宮

貞觀二十三年（西元六四九年）五月，唐太宗李世民去世，太子李治即位，是為唐高宗。依照當時的規矩，皇帝去世以後，除了皇后和為皇帝生過兒女的妃子可以留在皇宮或皇子的王府外，其他妃嬪都必須出宮，因為宮中的房舍要留給新皇帝的妃嬪居住。那些出宮的妃嬪幾乎只有一個出處，就是出家當尼姑，武則天於是到了長安西郊的感業寺，削髮為尼。

唐高宗即位後第三年，逢唐太宗的忌日，唐高宗到感業寺燒香祭拜，在廟裡見到武才人。唐高宗做太子時常去拜見父親唐太宗，看到唐太宗身旁有一個妃子，貌美又有剛毅之氣，那便是武才人。唐高宗十分喜愛這女子，當太宗臥病在床的日子，唐高宗以太子的身分，每天都要去探望父親，於是和武才人逐漸熟悉起來。唐高宗心裡雖然喜愛武才人，但武才人是父親的妃子，當然不敢輕舉妄動，只把這份愛意暗暗藏在心裡。

現在，唐高宗又見到武才人，雖然武才人已經剃了頭髮，身穿袈裟，但那分美麗和英氣依然存在，唐高宗忍不住一把抓住武才人，把武才人拉到方丈室去，兩人抱頭痛哭。

唐高宗的舉動讓守護在身邊的宦官和宮女大為吃驚，皇帝和一個尼姑相對而泣，這真是一件大新聞。於是，立刻有腿快嘴又快的宮女把這大新聞傳到皇宮，說給唐高宗的王皇后聽。

王皇后聽到皇帝在廟裡和一個尼姑相對痛哭的新聞，不但沒有吃醋，反而露出笑容。原來這時候王皇后正失寵，唐高宗喜愛另一個妃子，叫蕭淑妃，對王皇后十分冷淡，王皇后對蕭淑妃憤恨不已，總想奪回皇帝的寵愛，可惜千方百計都無法挽回唐高宗的心。更可怕的是蕭淑妃為唐高宗生下一個兒子，取名素節，而王皇后則未曾生育，中國古代有母以子為貴的觀念，王皇后沒有兒子，這是她心裡的大恐懼，因為如果皇帝要立蕭淑妃的兒子為太子，那麼王皇后的皇后寶座恐怕坐不下去，會被蕭淑妃奪去。王皇后和舅舅柳奭商量對策，柳奭想了一個主意，要王皇后向唐高宗建議立陳王李忠為太子，因為李忠的生母劉氏，是唐高宗後宮的宮女，地位卑下，雖然生下皇子，皇帝也沒有對劉氏更加關愛，所以劉氏和陳王李忠在宮中是不被重視的人物，如果李忠被立為太子，一定會感激王皇后的愛顧，必然會視王皇后如自己的母親，這樣王皇后的皇后寶座就坐穩了。王皇后接受了舅舅柳奭的建議，便要求唐高宗立李忠為太子。柳奭在外面和幾位有份量的大臣如唐高宗的宰相長孫無忌等商議，建議立李忠為太子，長孫無忌等人也贊同。唐高宗面對王皇后要求和宰相們的支持，便在永徽三年立陳王李忠為皇太子，這件事使王皇后心裡放下一顆大石頭，但是皇帝仍然寵愛蕭淑妃，王皇后心裡的酸味越來越濃，時時刻刻在想用什麼辦法來打擊蕭淑妃。

現在聽到皇帝在感業寺和一個尼姑對泣，王皇后忽然計上心頭，何不讓皇帝把寵愛轉移到那個尼姑身上，這樣蕭淑妃就會失寵了，至於那尼姑大概不可能是絕色美人，皇帝只是歡喜新鮮而已，不如把她引進宮來，讓皇帝玩一玩，玩膩了，皇帝就不會再管她了，那時皇帝的心也許又回到自己這邊來了。

王皇后越想越覺得此計甚妙，於是向唐高宗建議把那感業寺的尼姑召進宮來，唐高宗立刻欣然接受，王皇后便派人去感業寺秘密告知武則天，要武則天把頭髮留起來。

等到武則天把頭髮留起來，王皇后果然命人把武則天接進宮去，於是武則天第二次進了宮。

唐高宗見到武則天真是萬分高興，立刻封武則天為昭儀，昭儀的地位比才人高多了，而且成為唐高宗最寵愛的妃子。

武昭儀第二次進宮真是百感交集，這皇宮的景物是那麼熟悉，但宮中的女人都換了新面孔，她瞭解皇宮裡的生態，她要把握每一個機會使自己的地位不斷上升。

武昭儀知道剛跨入宮門，一定要和皇后的關係拉好，所以她盡量巴結王皇后，對王皇后言語謙卑，行止有禮，於是很得王皇后的喜愛，王皇后便常在皇帝面前誇獎武昭儀，王皇后認為武昭儀是她最好的助手，可以打擊情敵蕭淑妃。在王皇后的鼓勵下，唐高宗果然很明顯地越來越寵愛武昭儀，對蕭淑妃則逐漸冷淡下去。

武昭儀除了巴結王皇后外，對侍候皇帝身邊的宦官和宮女也加以籠絡，常常送禮物給他們，於是宦官和宮女們都大大稱讚武昭儀。武昭儀也從那些宦官和宮女們的口中，知道皇帝和王皇后、蕭淑妃的生活動靜，這些消息對武昭儀想要提升自己地位的計畫是很有幫助的。

王皇后引進了武昭儀，然而武昭儀並沒有在皇帝面前替王皇后說話，所以，武昭儀是得寵了，而王皇后卻仍然沒有得到唐高宗關愛的眼神，王皇后被皇帝冷落的情況越來越嚴重。蕭淑妃也被拋進了冰窖，由極熱而變成極冷，那樣心情使蕭淑妃幾乎無法支持。

漸漸地王皇后發現宮中的情勢在改變，皇帝完全傾向武昭儀，她和蕭淑妃都被冷凍了，這讓她心裡感到萬分沉痛，就好像被自己養的狗咬了一口，不止傷口痛，心更痛。

王皇后看看蕭淑妃，由一個不可一世的紅人變成了毫無光彩的可憐蟲，於是王皇后去看蕭淑妃，兩人原是勢不兩立的情敵，現在變成了同病相憐的落難者，情場如戰場，從前的敵人，現在可以變成朋友，於是，王皇后和蕭淑妃商議，她們兩人要攜手合作，對付共同的敵人武昭儀，她們的方法就是在唐高宗面前講武昭儀的壞話。

王皇后在宮裡的人緣不是很好，由於王皇后出身世家大族，從小是養尊處優的大小姐，在宮中雖然是地位最高的女人，但她不懂得體恤宮女和宦官們，宮女和宦官們都認為王皇后太驕傲，大家都不想親近王皇后。王皇后的母親柳氏和舅舅柳奭到後宮來探望王皇后，柳氏和柳奭都仗著皇后的權勢，表現得盛氣凌人，態度傲慢，這使得宮女們對王皇后產生了反感。

相對地，武昭儀對待宮女和宦官們的態度就大不相同，由於武昭儀曾做過才人，才人比宮女地位稍高一點而已，所以武昭儀很了解那些宮女和宦官們的生活和想法，於是積極地收買人心，培植自己的勢力，她不但外表待人謙和，而且把皇帝賞賜給她的金錢和珍寶都大方地分送給宮女和宦官們，於是宮女和宦官們自然而然成為武昭儀的啦啦隊，讓唐高宗在宮中聽到的是一片對武昭儀的讚美聲。同時，那些宮女和宦官們成了武昭儀的耳目，武昭儀對王皇后和蕭淑妃的一舉一動都瞭如掌指，於是武昭儀能事先對王皇后、蕭淑妃的攻擊作出預防，並且在唐高宗面前化解情敵們的攻擊。

唐高宗聽多了宮女和宦官們對武昭儀的讚美，又親自感受到武昭儀溫柔體貼的照顧，使唐高宗深信武昭儀是個賢慧又能幹的女人，就更加寵愛武昭儀了。

有一天，王皇后又在唐高宗面前說武昭儀的壞話，唐高宗聽了以後大為不滿地說：「當初是你要武昭儀進宮的，你說了武昭儀許多優點，許多好處，現在你說的不是和從前說的相矛盾嗎？我知道你是在吃武昭儀的醋，看到我歡喜武昭儀你就嫉妒她，我不歡喜醋罈子女人。你要記住你是皇后，你要母儀天下，心胸要寬大，如果連一個武昭儀都容不下，你還當什麼皇后！」

唐高宗的一頓訓斥，讓王皇后又驚又恐，跪在地上痛哭流涕，唐高宗轉身離去，顯出滿臉怒氣。

王皇后失寵，王皇后的舅舅柳奭原本擔任宰相，一看情勢不妙，便請辭宰相，唐高宗立刻照准，改任吏部尚書。柳奭的罷相明顯地表示王皇后勢力的衰退，王皇后的皇后位子有了開始動搖的訊號。

三、女嬰之死

唐高宗永徽五年（西元六五四年）武昭儀為唐高宗生下一個女兒，宮中人都來道賀，唐高宗也十分高興。

有一天，王皇后也來道賀，正巧武昭儀不在，王皇后就走進武昭儀的臥房，看到小女嬰正躺在嬰兒床上，全身包裹著棉被，露出紅紅的臉蛋，十分可愛，王皇后不自覺地彎下腰來摸摸嬰兒的臉。王皇后在嬰兒身邊逗留了一會兒，武昭儀仍未回來，王皇后便走了出來，對武昭儀身邊的宮女說：「你們告訴武昭儀，我來過了。」王皇后的意思是她的禮貌到了，也就不必和武昭儀見面了。

王皇后走後不久，武昭儀就回來了，宮女向武昭儀報告說：王皇后已經來看過小嬰兒，剛剛走了，武昭儀立刻跑進內室，看到嬰兒還睡在棉被裡，忽然心生一計，用棉被摀住嬰兒的口鼻，不一會兒，嬰兒就窒息而死。武昭儀將棉被仍舊蓋好，若無其事地走到客廳，正好唐高宗進來，滿臉笑容，拉著武昭儀去看嬰兒。

當唐高宗輕輕地想抱起嬰兒時，發現嬰兒死了，武昭儀立刻放聲大哭，唐高宗問左右的宮女剛才誰來過，宮女們回答，王皇后剛剛才來過，摸過小嬰兒。唐高宗聽了宮女的回話，立刻勃然大怒，直覺地說：「皇后殺了我的女兒。」

武昭儀大哭大叫，一邊向唐高宗訴說王皇后的種種過失，唐高宗原本就聽到宮裡的人講到皇后的壞話，又知道王皇后和蕭淑妃都極為妒忌武昭儀，這很容易引導唐高宗的思路，讓唐高宗認為王皇后在吃醋的心態下扼死了武昭儀所生的女兒。

其實，這件案子不難查明，因為王皇后去看嬰兒，武昭儀和王皇后身邊的宮女不可能不陪同在側，王皇后離開後，武昭儀的宮女不可能不去察看一下嬰兒，這些宮女都是目擊王皇后有無扼殺女嬰的證人。但是，在唐高宗盛怒之下，直接指責王皇后是兇手，所有的宮女誰敢和皇帝唱反調，誰敢挺身為王皇后的清白作證，大家都默不作聲，這讓唐高宗更相信王皇后就是殺女嬰的兇手。

在皇宮裡做事很難藏得住秘密，尤其是重要人物的一舉一動都有無數的眼睛在明處或暗處窺探，武昭儀扼死自己女兒的舉動必然也有人看在眼裡，只是怕惹禍，所以不敢公開言講，但私下口耳相傳卻是很普遍，在《新唐書》、《舊唐書》和《資治通鑑》這些史籍中都記載著殺死女嬰的人是武昭儀。

唐高宗既然認定殺女嬰的人是王皇后，便起了廢王皇后的念頭。皇后的地位重要，號稱為「一國之母」，廢皇后可是一件大事，唐高宗雖有了這個念頭，卻也不敢輕舉妄動，他知道大臣們可能會反對，必須先消除大臣們的反對阻力。在大臣中，威望最高的是宰相長孫無忌，而且長孫無忌是唐高宗的親舅舅，在中國古代社會中，舅舅的地位是很高的，家庭裡兄弟發生爭執，多半會請舅舅出來作仲裁人，所以唐高宗和武昭儀知道第一個要爭取支持的人是長孫無忌。

有一天，唐高宗和武昭儀帶著十車的金銀器物、絲綢布匹和其他珍貴禮物到長孫無忌家拜訪，長孫無忌準備了盛大的歡迎，擺設豐盛的宴席來接待唐高宗和武昭儀，由於唐高宗和長孫無忌是極親近的親戚，所以長孫無忌的家人都出席了宴會。

在宴會中，唐高宗問長孫無忌的三個兒子有未任官，三個人都回答沒有，唐高宗很慷慨地立即任命他們三人為朝散大夫。所謂朝散大夫是一種「散官」，就是一個官階，在唐朝的制度，官和職是分開的，官是官階，職是職事，官階表示一個人具有那一個官階的資格，像今日的政府官制有委任、簡任、特任、中尉、中校、中將等，唐朝的官階共有二十九等，這二十九等用數目字來排列則分為九品，每品有正從和上下，譬如四品官中有正四品上、正四品下、從四品上、從四品下，最高的是一品，最低的是九品，每個官階都有一個名稱，譬如正四品上稱為正議大夫，正四品下稱為通議大夫，朝散大夫的官階是從五品下，是一個中級的官階。官階只是一種資格，如果沒有職事官的位置實際上是不能上班，無事可做，也沒有薪俸的，這就像一個政府考試及格的人，拿了政府的合格證書，如果政府沒有任命他在哪一個機關擔任某個職位，他是無班可上，沒有薪資可領的。所以唐高宗給長孫無忌的三個兒子「朝散大夫」只是空的頭銜，沒有實質的好處。

酒過三巡，唐高宗便提出此行的主要目的，唐高宗說：「王皇后一直沒生兒子，恐怕不適合再當皇后。」

唐高宗和武昭儀都期盼長孫無忌能順著皇帝的話表示同意，不料這個舅舅卻不理會，竟把話題岔開了，談起別的事來，令唐高宗和武昭儀大失所望，悵然回宮。

武昭儀並未死心，她請母親楊氏到長孫無忌家拜訪幾次，懇請長孫無忌同意支持廢王皇后，長孫無忌都予以拒絕。

武昭儀見長孫無忌的路子走不通，於是耍了一個陰謀，在唐高宗面前告王皇后使用「厭勝」的法術企圖謀害自己，所謂「厭勝」是一種古老流傳下來的法術，是把雕刻的小木頭人埋在地下，一個小木頭人代表一個活人，用巫術詛咒那活人得禍而死，這種巫術在漢朝的皇宮裡就很流行，稱為「巫蠱」，由於這種詛咒太過陰險狠毒，所以一直被嚴令禁止，凡用厭勝之法的人會被處死，其實這種法術有無力，不得而知，但會造成人心的恐懼，所以要嚴令禁止。武昭儀自己造了個小木頭人，誣陷說是王皇后對她行厭勝之法，唐高宗大怒，認為這件事一定是王皇后的母親柳氏教唆女兒做的，便下令禁止柳氏入宮。雖然王皇后極力喚冤，但唐高宗先入為主，不信王皇后是冤枉的，於是廢王皇后的意志更堅定了。

接著，王皇后的舅舅柳奭由吏部尚書降調為遂州刺史，遂州在四川，柳奭從長安出發，走到岐州，岐州長史于承素早就知道武昭儀排擠王皇后的事，為了迎合武昭儀，便上奏章給皇帝，說柳奭洩露宮中秘密，於是柳奭又被調到更偏遠的榮州當刺史，柳奭的一降再降，正顯示出唐高宗對王皇后的不滿越來越強烈。

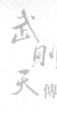

唐高宗想廢王皇后改立武昭儀為皇后的消息，很快就傳遍了朝廷，唐太宗時留下的一些元老重臣私下都表示反對。但也有一些投機的中級官員想趁這機會晉升高官，於是他們站在武昭儀這一邊。

李義府當時擔任中書舍人，是個品德操守不良的小人，他的長官宰相長孫無忌把他貶官到壁州當司馬，壁州在四川，是邊陲地區，如果到壁州去，他這一輩子恐怕就爬不上政治高位了，他很焦急地找另一位中書舍人王德儉，王德儉為他出了一個主意，王德儉說：「聽說皇上很想立武昭儀做皇后，但那些元老重臣們反對，才沒做成。如果你有好辦法促成這件事，你就能轉禍為福了。」

李義府覺得王德儉的主意不錯，立刻寫了奏章，請唐高宗廢王皇后，立武昭儀為皇后。唐高宗看了李義府的奏章十分高興，因為終於有朝臣出面支持廢王皇后了，立刻召見李義府，下令李義府留任中書舍人，不必降調到四川去了。不久，李義府升官，任中書侍郎。

李義府的奏章給予武昭儀一個啟示，即廢皇后立皇后之事需要藉助大臣的力量，於是武昭儀開始培養勢力，提拔擁護自己的朝臣，李義府的升官便是武昭儀將手伸入政治的第一次表現。

在武昭儀的安排下，許多渴望急速升到高官的投機分子紛紛表態投靠武昭儀，其中最著名的是許敬宗、崔義玄、袁公瑜，這些人都是投機取巧、品德不良的小人，他們常被宰相長孫無忌教訓和斥責，他們希望藉武昭儀的力來反擊長孫無忌，讓自己登上更高的官位。這些人儼然成為擁武集團，對抗元老重臣集團，一場激烈的政治鬥爭即將展開。

四、搶奪后冠

武昭儀爭取皇后大位的戰爭正式爆發是在永徽六年（西元六五五年）九月，有一天，唐高宗宣布退朝以後，召宰相長孫無忌、司空李勣、左僕射于志寧和褚遂良到內殿來，這幾個人都是唐太宗時的元老重臣。

褚遂良聽到唐高宗要召見他們，便對長孫無忌說：「今天皇上召見我們幾個人，多半是為了談皇后的事，皇上的心意已定，反對皇上一定會被處死，你是皇上的親舅舅，李勣司空是開國功臣，不可讓皇上有殺親舅舅和功臣之名，我出身農家老百姓，又沒有汗馬功勞，今日竟然身居高位，又受先帝囑咐輔佐皇上，不以死力爭，有什麼臉去見先帝！」

褚遂良是忠心耿耿的人，為人正直，所以唐太宗在臨死之前，親自把兒子唐高宗託付給長孫無忌和褚遂良二人，親口囑咐二人要好好輔佐新皇帝。長孫無忌和褚遂良接受了唐太宗的遺囑託付，在唐高宗即位後，二人全心全力主持政局，在唐高宗剛即位之初的六年間，政治清明，社會安定，經濟繁榮，國勢強盛。現在唐高宗要廢王皇后改立武昭儀為皇后，褚遂良認為此事絕對不可，他要挺身而出，以死來反對，不能辜負唐太宗死前的託付。

皇帝召見，長孫無忌、褚遂良和于志寧三個人進入內殿，李勣假裝生病而不入內殿。看到長孫無忌等三個人進來，唐高宗就對長孫無忌說：「皇后沒生兒子，武昭儀生了兒子，現在要立武昭儀為皇后，你看如何？」

長孫無忌還沒回答，褚遂良便搶先說：「皇后出身名家大族，先帝為陛下所娶，先帝臨終之時，握著陛下的手對臣說：『朕佳兒佳婦，現在託付給你。』這話是陛下親自聽見的，言猶在耳，皇后沒有什麼過失，豈可輕廢！臣不敢曲從陛下，上違先帝之命。」

於是，君臣不歡而散。

第二天，唐高宗又召長孫無忌等三人再到內殿來談廢皇后的事，褚遂良又起來反對說：「陛下如果一定要換人當皇后，懇請皇上好好選擇全國名門望族的女孩子，何必選武氏。武氏曾經服侍過先帝，這是眾人都知道的事，皇上如何能遮蔽天下人的耳目！萬代以後，會怎樣批評陛下？請陛下三思而行。臣今天違反陛下的旨意，罪當死。」說完，褚遂良就把笏放在殿的台階上，跪在地下叩頭，額頭都破了而流血，褚遂良繼續說：「把笏還給陛下，請陛下讓臣回故鄉老家。」

唐高宗聽了大怒，立刻命宦官把褚遂良帶下去。這時武昭儀正藏身在殿後面的竹簾內，褚遂良的話聽得一清二楚，便高聲叫起來：「何不撲殺這個傢伙！」

長孫無忌聽到武昭儀怒叫聲，立刻對唐高宗說：「遂良受先帝顧命，託付輔政，縱使有罪也不可加刑。」

于志寧在旁看到這種場景，一時嚇呆了，說不出話來。

內殿的空氣僵住了，唐高宗生氣的表情浮現在臉上，但他盡量壓制自己的情緒，他知道這些元老重臣是父親臨終前託付輔佐治理國家大政的人，他們的背後有父親的影子，面對他們時就好像面對死去父親的影子，他心裡有著一種說不出的沉重壓力，他不能用硬的方法來對付他們，其實他不是不能，他是不敢。

許多人會產生一個疑問，為什麼褚遂良如此激烈地反對立武昭儀為皇后？為什麼褚遂良不在武昭儀從感業寺二度進宮的時候就表示反對呢？為什麼長孫無忌曾接待過武昭儀在家裡吃飯，現在卻反對她當皇后呢？其中原因牽涉到中國古代家庭制度。人們常說中國古代是一夫多妻的家庭制度，其實這是不完全正確的說法，中國古代法律的規定應該是一夫一妻多妾制，也就是說，一個男人只能擁有一個妻，但他可以擁有其他的女人作為妾，妻和妾的法律地位是完全不同的，妻是家裡的女主人，娶妻要經過一定的程序，要父母同意，要有媒人，要經過提親、送聘禮、迎親、喜宴等過程，妻有權力管理一家之內的大小事情，丈夫不可以隨便丟棄妻，丈夫如果要和妻離婚，要經過一定的手續，甚至還要到官府去備案。妻生的兒子稱為嫡子，嫡子有繼承父親財產、爵位的優先權。妾的地位不能和妻相比，在清末民初，社會上把妾稱為「小太太」或「姨太太」，在古代社會裡，妾不受法律保護，男人娶妾不必經過繁複的程序，只要接到家裡就可以了，如果丈夫不喜歡這個妾，也不必經過任何手續，只要下令要妾離去就可以了，唐朝時，有人把妾當禮物送給別人，妾所生的兒子稱為庶子，庶子的地位不如嫡子。所以，在唐朝，妻和妾的地位相差甚遠，妾是不被重視的。

在皇宮裡，皇后是皇帝的妻，從貴妃、淑妃以下到才人、美人、寶林、采女等都是皇帝的妾，皇帝有多少妾？朝臣們未必知道，皇帝納誰為妾，也不必告訴朝臣。昭儀是皇帝眾多的妾中之一，當武昭儀二次進宮時，朝臣恐怕都不知道，武昭儀是悄悄進了宮，當朝臣們聽說唐高宗寵愛武昭儀，那是木已成舟，何況納妾本是平常的事，朝臣們也就無話可說了。可是皇帝娶皇后則是一件隆重的大事，要經過仔細挑選，經過繁複的禮儀程序，這時朝臣們可以表示意見。要廢皇后就等於夫妻離婚，這也是大事，皇后是國母，廢掉國母是何等重大的事，這不是皇帝個人的事，所以，中國古代皇帝要選皇后或廢皇后，多會徵詢朝臣們的意見。

瞭解了這個背景之後，就知道唐高宗納武昭儀時根本不告知朝臣，但是廢王皇后改立武昭儀為皇后時，就要徵詢朝臣的意見。而朝臣對廢皇后、立皇后都可以表示意見。

唐太宗在位時，極力鼓勵朝臣們諍諫，所謂諍諫就是當皇帝有不當的言行時，要勇敢地指正出來，以免皇帝犯錯。在唐太宗不斷鼓勵和提倡之下，唐太宗貞觀年間諍諫成為一種風氣，凡皇帝言行不當或政府的施政不當時，朝臣便會無所顧忌地提出指正，這種諍諫風氣到唐高宗即位仍然留存下來。唐高宗要廢王皇后改立武昭儀為皇后的事，立刻引起朝臣們的議論，另一個宰相韓瑗極力反對，他跪在唐高宗面前痛哭流涕極諫，唐高宗不予理會。

韓瑗眼看口頭諍諫無效，第二天，就寫了奏章來諍諫，韓瑗的奏章說，老百姓娶妻還要慎重選擇，何況天子呢？皇后母儀萬國，影響深遠，紂王娶了妲己，造成商朝覆亡，從前的歷史教訓不可忘記，請陛下深思，不要被後人譏笑。臣說這話是想有益於國，縱使因此被殺，臣也認為這是該做的事。從前吳王不聽伍子胥的勸告，吳國首都姑蘇果然被敵國攻破，現在陛下如果不聽臣的直言，恐怕皇宮會變成荒場，陛下的宗廟都保不住了。

韓瑗的奏章很有遠見，後來唐朝的皇位果然被武則天篡奪了，李氏的宗廟果然不保。

另外一位宰相來濟也上奏章極力諍諫，他也引述歷史上的例證，說明因選擇皇后不當而招致滅亡的危險性，並勸唐高宗詳細考察歷史故事，不要重蹈覆轍。

唐朝實行多相制，同時有好幾個宰相。這時，長孫無忌、褚遂良、于志寧、韓瑗、來濟都是宰相，這幾位宰相全都反對廢王皇后改立武昭儀為皇后，他們反對的理由歸納起來有幾點：

（一）王皇后是唐高宗的父親唐太宗所選定的，而且臨終之前還囑咐大臣們要好好照顧王皇后，如果廢王皇后，那實在是對不起已死的唐太宗。

（二）王皇后並無失德或過失之處，雖然武昭儀指王皇后殺了女嬰，但那只是武昭儀片面之詞，並無證據。

（三）武昭儀做過唐太宗的妃子，在名分上說是唐高宗的庶母（或稱姨娘），如果立為皇后，則是亂倫。

（四）武昭儀出身商人之家，唐朝社會非常重視家族背景，娶妻最好娶世家大族的女子，商人的社會地位不高，所以，武昭儀的家世背景不適宜做皇后，如要立新皇后，要從世家大族中去選娶。

宰相們的反對都言之成理，他們長期受到唐太宗鼓勵諍諫的影響，覺得有理就要說，皇帝錯了就要說，但是他們不知道，唐高宗雖是唐太宗的兒子，才能和性格卻完全不像唐太宗，於是，宰相們的冒死諍諫完全得不到預期的結果。

五、登上皇后寶座

唐高宗想要立武昭儀為皇后，當時大臣們反對廢王皇后而改立武昭儀為皇后的力量是很大的，不過，唐高宗的意志堅決，他要在朝廷中尋找支持者。

有一天上朝，唐高宗發現請病假多天的司空李勣來上朝了，司空是三公之一，三公是指太尉、司徒、司空，官階正一品，是唐政府中最高的官階，但三公官階雖高，卻不管實際政治事務，是尊貴的象徵而已，所以常常是宰相卸任以後，皇帝給他一個三公的官銜，除了上朝，皇帝可以徵詢他的意見之外，別無他事。李勣是唐朝開國的大功臣，追隨唐高祖、唐太宗打天下，南征北討，戰功彪炳，是當時極有威望的元老重臣。唐高宗公開表示欲立武昭儀為皇后之後，李勣便請病假在家，他沒有參加長孫無忌、褚遂良等大臣的反對行動，他暗中觀察形勢，心中漸有了決定，於是銷假上朝。

在退朝以後，唐高宗召李勣到內殿，唐高宗問李勣道：「朕欲立武昭儀為皇后，遂良堅持以為不可，遂良是先帝託付的顧命大臣，這事情真不知怎麼辦？」

李勣看唐高宗滿臉憂愁的樣子，很沉穩地回答道：「這是陛下的家務事，何必再去問外人。」

李勣的話是不合傳統之道的，古代立皇后不是皇帝的家務事，而是國家大事，因為皇后是皇帝正正式式的妻子，地位尊貴，她不但是皇宮裡的女主人，而且號稱為國母，乃是一國之母，加上皇后常在皇帝身邊，最容易干預政治，皇后的父親、兄弟、侄兒稱為外戚，因著皇后的關係輕易地登上政治舞台，成為政府的掌權者，西漢末年，漢元帝立王政君為皇后，王皇后的親戚在朝廷居高官要職，最後演變成王莽篡位，西漢滅亡，王莽就是外戚。所以，選立皇后往往會牽連到國家政局，當然是國家大事，怎能說是皇帝的家務事？李勣的回答顯然是不正確的。

李勣是不是不明白選立皇后是國家大事呢？李勣在官場時間很久，當然知道選立皇后會影響到國家政局，那麼，李勣為什麼要說選立皇后是皇帝的家務事，不要去問大臣們的意見呢？原來這中間有一段插曲，這事要追溯到唐太宗的晚年。

唐太宗貞觀二十三年（西元六四九年）四月，唐太宗生了病，太子李治（就是後來的唐高宗）在身旁侍候，唐太宗對太子說：「我身體向來健壯，這次生病有點不祥的感覺，如果我發生不幸，你要繼承皇位，你要特別注意李勣，李勣勇敢善戰，又有謀略，是才智兼備的人。但你對他沒有任何恩義，恐怕他不會誠心誠意地服從你。我現在要做一件事，就是要調降李勣去做地方官，如果他接到我的詔令後立即出發去上任，那就表示他忠心，你登上皇位之後，可以召他回京，仍舊重用他，他會對你心懷感激，也就會向你效忠。如果他接到詔令，猶豫徘徊，不肯去上任，就表示他不滿，你就立刻殺掉他，以免後患。」

貞觀二十三年五月，唐太宗下詔書派李勣為疊州都督，疊州在四川，是邊遠地區，這個命令是調降李勣，李勣在辦公廳接到詔令，連家都不回去，立刻出京到四川去。

到六月，唐太宗病逝，太子李治即位，就是唐高宗。唐高宗按照父親生前的指示立刻召李勣回京，復任高官。

這件事對李勣的心理影響很大，他不明白自己沒有犯任何過錯，何以唐太宗要調降他到荒涼的地方去。他也不明白自己沒有幫唐高宗立過功，何以唐高宗要召他回京任高官。李勣有一種感覺，伴君如伴虎，不知道老虎何時溫馴，何時發威，侍候在皇帝身邊要時時刻刻謹慎小心，別惹老虎發威。

當唐高宗表明要立武昭儀為皇后時，長孫無忌、褚遂良等大臣表示反對，李勣假裝生病，不去上朝，不表示意見，他冷眼旁觀，暗中觀察，覺得唐高宗這隻小老虎快要發威了。同時，他又想到自己能從那蠻荒之地回到繁榮的京師長安，仍舊做高官，享厚祿，這也是唐高宗對他施恩。因此，在李勣的心裡漸漸形成一個念頭：唐高宗現在遭遇困難，他應該幫助唐高宗一下，同時，幫唐高宗一下可以免除小老虎對自己發威，這對自己的前途來說，也是趨吉避凶。

李勣在這種心情下，才會對唐高宗說立皇后是皇帝的家務事，何必去問外人。

李勣的回答等於支持武昭儀任皇后，這讓唐高宗大喜過望，李勣是開國元勳，德高望重，一言九鼎，有李勣的支持，堅定了唐高宗的決心。

在朝廷上，擁武派的許敬宗根據李勣的話，編出了一個說法，許敬宗說：「一個鄉下的農夫多收十斛麥子，就會想換個老婆，何況天子要立皇后，這關別人什麼事，為什麼要管別人反對不反對呢！」

許敬宗把這說法傳播開來，並且告訴武昭儀，武昭儀又把這說法告訴唐高宗，說這是社會上共同流傳的說法，使唐高宗加強了立武昭儀為皇后的決心。

不久，唐高宗下令，將褚遂良貶官為潭州都督，潭州是今天的湖南長沙，在唐朝初年，湖南還算邊遠地區，這等於把褚遂良逐出京師，消除了反武的一個大石頭。

永徽六年（西元六五五年）十月，唐高宗下詔廢王皇后和蕭淑妃為庶人，庶人就是沒有任何官職、爵位的老百姓，罪名是「謀行鴆毒」，所謂「謀行鴆毒」就是陰謀毒害死別人，這四個字的罪名太籠統，如何陰謀毒害？要害的對象又是誰？都沒有詳細說明，這是隨意扣上的一個罪名，這是皇帝的詔書，不容申辯，不需要經過調查，更不必經過審問，罪名就確定了，皇帝的話就是最後的判決。

十一月，唐高宗宣布立武昭儀為皇后，文武百官到皇宮的肅義門朝拜皇后。盛裝打扮的武皇后眼看數以百計的文武百官一起向自己下拜，想到自己兩次進宮之初的彷徨心理，到今天的榮耀尊貴，經歷過許多艱難和勾心鬥角，現在總算獲得圓滿的成果，不自覺露出得意的微笑。

被廢的王皇后和蕭淑妃被囚禁在皇宮後方的一個小房子裡，有一天，唐高宗想起了王皇后和蕭淑妃，便走到那囚禁的小房子去，只見這間房子門和窗都被封死，只在牆上挖了一個小洞，每天把裝食物的盒子從小洞裡送進去，唐高宗看了這種情景，心裡感到不忍，就高聲對房子裡叫喚：「皇后、淑妃，你們在哪裡？」王皇后在房裡哭著回答道：「我得罪成了皇宮裡的婢女，怎麼還有皇后的尊稱啊！」接著王皇后又哭著說：「皇上如果還顧念從前的恩情，使我們離開這黑暗的牢房，重見天日，請把這房子改名叫回心院吧！」唐高宗聽到王皇后的哭訴，感到非常同情，就對著小洞口說：「我馬上去處理。」

這件事立刻傳到武皇后耳裡，武后大怒，派人打王皇后和蕭淑妃各一百大板，並且砍斷兩人的手腳，把她們投到一個大酒缸中，武后說：「讓這兩個老太婆醉死。」王皇后和蕭淑妃在這酷刑之下死了，武后還不甘心，命人把她們的頭砍下，以消怒氣。

當武后派人來牢房要砍王皇后和蕭淑妃手腳的時候，王皇后和蕭淑妃自知死期已到，王皇后跪在地上磕頭說：「願皇上萬歲，武昭儀得蒙恩寵，我自當領死。」王皇后完全是一副愚忠、順從、不反抗的姿態，但蕭淑妃則不然，蕭淑妃破口大罵：「阿武是妖精，害我到這地步，我發誓來生要變貓，阿武要變老鼠，生生扼住她的喉嚨。」

蕭淑妃死前的詛咒傳到武后的耳裡，於是皇宮裡不許養貓。

不久，武后下令改王皇后的姓為蟒，是蟒蛇的意思，改蕭淑妃的姓為梟，梟就是貓頭鷹，這種用不好聽的字眼來改換仇人的姓氏成為武后後來常用的手法。

王皇后和蕭淑妃死後，武后在宮裡幾次看到她兩人的鬼魂，披頭散髮，滿身是血，極為可怕，嚇得武后心驚膽戰，便新蓋了一座蓬萊宮，從原居住的大明宮搬到蓬萊宮，但在蓬萊宮又見到鬼魂，於是武后和唐高宗帶著文武大臣全遷到洛陽去，離開長安，後來唐高宗和武后都死在洛陽。

六、輔政大臣的下場

武后戴上皇后的冠冕後，立刻要進行的下一步棋便是把自己生的兒子抱上太子的寶座。當時的太子李忠是後宮宮女劉氏所生，王皇后沒生孩子，便慫恿唐高宗立李忠為太子，現在，王皇后被廢，武皇后新立，武皇后又生了兒子，自然武后要把自己的兒子推上太子寶座，因為太子是皇位的繼承人。

擁武派的大將許敬宗知道武后的心意，便對唐高宗說：「現在的東宮（指皇太子李忠）出身低微，他看到皇后已有兒子，那是陛下的嫡子，心裡一定會感覺到不安，這種不安不是國家之福，請陛下早點作安排。」

許敬宗的話無疑是在建議唐高宗換太子，唐高宗回答說：「太子的心情我很瞭解，我會處理這事。」

第二年，就是顯慶元年（西元六五六年）正月，唐高宗下詔以太子李忠為梁王，改立武后的兒子代王李弘為皇太子，武后又獲得一次勝利。

這裡要談一個問題，在這場宮廷鬥爭中，武后大獲全勝，武后的勝利當然要歸功於皇帝的全力支持，唐高宗何以會放棄原先寵愛的蕭淑妃，轉變去寵愛武后呢？難道是武后美貌誘人嗎？當時還沒有照相機，沒有武后的照片，今天在四川廣元的皇澤寺有武則天塑像，但那塑像和一般佛教寺廟中的塑像一樣，看不出美醜。在史書中也沒有武后美豔動人的記載，唐朝詩人也沒有歌頌過武后貌美如仙。不過，武后的相貌一定是清秀而有氣質的，否則唐高宗做太子時進宮看到武才人，不會就被吸引住，武后必然有一種皇宮女人中看不到的特殊氣質，才會讓唐高宗念念不忘。

實際上，武后比唐高宗大三歲，武后被立為皇后時年齡已經三十二歲，唐高宗只有二十九歲，這好像是姊弟戀，唐高宗究竟什麼原因會愛上一個年齡比自己大的女人？相信大概不會是看上那女人的外表青春貌美，而是那女人的內涵。武后是一個學識與才幹兼備的女人，她長於文學，通曉經史，在清朝康熙年間編成的《全唐詩》中就收錄了武后所作的詩四十六篇，可見武后是很有文才的。武后的個性剛毅果斷，善於處理事務，又會隨機應變，善於迎合環境，在《新唐書．武后傳》裡說她城府很深，從她對付王皇后的經過，由巴結討好轉為鬥爭殺戮，她的態度和手段是隨情勢而轉變，殘忍而狠毒，卻沒有讓唐高宗察覺她的殘忍和狠毒。

《舊唐書》稱唐高宗「寬仁孝友」，其實，唐高宗的性格傾向於儒弱，遇事優柔寡斷，缺乏勇氣，缺少安全感，武后二次進宮，成為他的妃子，當武后在他身邊，表現出溫柔體貼，生活的一切都為他設想周到，安排妥當，使唐高宗覺得皇宮裡到處冷冰冰的，只有到武昭儀的宮裡有溫暖、安全的感覺，唐高宗還沒有成年時，母親就去世了，那種母愛的溫暖一直留在唐高宗的記憶裡，只能在夢裡尋覓。可是，武昭儀對他的照顧，讓他彷彿在真實世界裡又找回母愛的甜美。

此外，武昭儀處理政治事務的明快正確，也讓唐高宗深感佩服。唐高宗優柔寡斷，遇到國家重要大事常會猶豫不決，有一次，唐高宗把一件事告訴武昭儀，問武昭儀怎麼做決定，武昭儀聽了唐高宗把事情的內容說完以後，便對這件事提出她的分析和看法，並且建議如何做決定，唐高宗依照武昭儀的建議，在公文上做批示，這件事的結果非常完美。

從此以後，唐高宗遇到政府有重大事情要決定之前，都要和武昭儀商量，讓武昭儀出主意，自己照武昭儀的意見批示，朝臣們都稱讚他的裁示高明。唐高宗原本對自己的優柔寡斷受到大臣們輕視而感到內心難過，現在唐高宗覺得受到朝臣們的尊重和肯定而感到高興，唐高宗知道這種改變是武昭儀指點的結果，於是，唐高宗不但生活上想靠近武昭儀，甚至在處理政務上也想依賴武昭儀。漸漸地，武昭儀成為唐高宗的支柱，成為唐高宗心中不可離開的人。

除了生活上和處理國家政務上，唐高宗要依賴武昭儀之外，還有一件事是唐高宗要武昭儀幫忙的，那就是朝廷上那些元老重臣的問題。

唐高宗即位時二十三歲，已經成年了，但他的父親唐太宗知道這個兒子個性軟弱，恐怕挑不起治理國家的重擔，所以在臨終之前，囑咐幾個平日信任的大臣如長孫無忌、褚遂良、韓瑗等，輔佐小皇帝來處理國家政務，這種老皇帝在臨終前找幾個大臣來交待遺囑，命這幾個大臣輔佐將要繼承皇位的小皇帝方式，古代早有前例，最著名的是周武王臨死，託周公旦來輔助兒子成王；漢武帝臨終請霍光等五位大臣來輔佐昭帝；蜀昭烈帝劉備臨終前託孤給諸葛亮，請諸葛亮輔政。那些受託咐的顧命大臣在新皇帝即位後，幾乎都忠心耿耿，小心謹慎，事事都要過問，唯恐有負先帝所託。可是這些顧命大臣們管的事太多，難免讓新皇帝覺得國家大政都是這些老臣在作決定，自己只能照他們的意見，好像自己是一個傀儡，新皇帝想奪回決定權，難免就會和老臣發生衝突，新皇帝心裡好想把老臣趕走，換一批順從自己意旨的臣子，所謂「一朝天子一朝臣」，就是新皇帝要把老臣除掉，換上一批新的臣子，新皇帝就可以施行他自己的旨意。

唐高宗即位後，那些受唐太宗囑咐的輔政大臣們以國家為己任，事事關心，事事有意見，要唐高宗照他們的意見頒發詔令，的確，這樣做法，使唐高宗即位之初，國勢鼎盛，景況和唐太宗貞觀年間一樣，但唐高宗面對這些像叔叔、伯伯輩的顧命大臣心裡總覺得壓力沉重，自己像個小孩子，深怕做錯事受責備。所以，唐高宗很希望這些顧命大臣趕快離開朝廷，但是，唐高宗膽小怯懦，他怎麼敢真的命令他們離開朝廷呢？現在，武昭儀在身邊，武昭儀足智多謀，又有膽識魄力，武昭儀可以為唐高宗設計除去那些討厭的老臣，於是，唐高宗把武昭儀看成同一戰線的戰友，戰友是要緊密聯結，合力同心，才能贏得勝利，唐高宗怎能不力挺武昭儀。堅持將武昭儀推上皇后的寶座正是唐高宗和顧命大臣戰爭的開始。

武后登上皇后寶座不久，擁武派的許敬宗、李義府等人就上奏章給唐高宗，誣告宰相韓瑗、來濟和褚遂良圖謀不軌，這時褚遂良由潭州都督又改為桂州都督，潭州在湖南，桂州在廣西，越調越遠，到了邊疆地區。許敬宗等人誣告褚遂良在邊疆地區培植勢力，準備和在京師的韓瑗、來濟等人謀反，裡應外合，要推翻朝廷。這個誣告，唐高宗並不查證，立刻下詔將韓瑗貶為振州刺史，振州在廣東，當時算是邊遠地區，將來濟貶為台州刺史，台州在浙江，當時算是落後地區，而且附帶一個條件，韓瑗和來濟終身不得到京師來朝見皇帝，這無異說明韓瑗和來濟兩人永遠不能翻身，可見唐高宗對這兩人有多麼痛恨。至於對付褚遂良當然要再用重拳打擊，唐高宗下詔把褚遂良貶為愛州刺史，愛州在越南北部，當時愛州是蠻荒之地，經濟落後，荒涼而野蠻，褚遂良到了愛州，年老力衰，實在不適宜在這種環境，於是上奏章給唐高宗，在奏章裡訴說當唐太宗時，他和長孫無忌力主立唐高宗為太子的往事，希望唐高宗能念及舊日的恩情，請唐高宗憐憫他，把他改派到環境較好的地方。

褚遂良奏章是希望用溫情來打動唐高宗，可是唐高宗完全不為所動，對褚遂良奏章不予理會。過了一年，褚遂良就在偏遠的愛州病死了。

至於長孫無忌也被誣指謀反，許敬宗奉武后之命，在顯慶四年（西元六五九年）誣告長孫無忌謀反，長孫無忌是唐朝開國功臣，做了三十幾年宰相，是唐太宗最信任的人，又是唐高宗的親舅舅，唐高宗能被立為太子，第一個支持的人就是長孫無忌，唐高宗當上太子後，宮廷鬥爭激烈，唐高宗十分害怕，母親長孫皇后已經去世，舅舅長孫無忌極力保護，才度過風險，長孫無忌怎麼會謀反？所以當許敬宗捏造人證誣告時，唐高宗很猶豫，不想處理，許敬宗鼓起如簧之舌，勸唐高宗要斷然處置。唐高宗竟然不親自問一問，就接受許敬宗的誣告，下詔削去長孫無忌的官爵，流放到黔州（四川彭水），派兵押解。過了幾個月，許敬宗暗派同黨袁公瑜到黔州，逼長孫無忌自殺。當長孫無忌臨死前，一定十分傷心自己盡力扶持的人竟是要了自己命的人，自己一生忠於唐朝，最後的罪名竟是叛國，政治鬥爭真是不論是非黑白，真是沒有公理正義啊！

長孫無忌的冤案牽連到長孫家族和褚遂良家族、韓瑗家族、于志寧家族等數十人，或被處死，或被流放到僻遠的邊疆。唐太宗遺命的輔政大臣至此完全被消除。

七、開始重用進士科人才

武則天當上皇后之後，便直接干政，其原因除了唐高宗的寵愛放縱之外，還有唐高宗性格和健康的問題，唐高宗的性格是懦弱膽小，使他覺得武后是保護他的人，此外，唐高宗患有風眩之症，常常不能親自處理政事，而武后精力充沛，又有處理政治事務的才能，得到唐高宗的信任，於是唐高宗便把國家政務都交給武后，武后便公開掌握了政治大權。

在爭奪皇后寶座的過程中，武后發現反對她的人都是關隴集團的元老重臣，所謂關隴集團是祖籍山西、陝西、甘肅一帶的世家大族，他們在北周和隋朝都居高官，世代相傳，又是唐朝開國的重要功臣，他們勢力浩大，控制了朝廷，其首領便是長孫無忌家族。武后覺得要打倒屬於關隴集團的輔政大臣們，必須在外朝找一批幫手，來打擊關隴集團，於是找到了許敬宗、李義府，當時朝廷中有一批非關隴集團的中級官員發現武昭儀是政治舞台上最有潛力的人物，看一看許敬宗、李義府上奏章支持武昭儀就馬上升官，他們認為這是個極好的出頭機會，上書攻擊王皇后，全力支持武昭儀，於是形成一個擁武的新興官僚集團。許敬宗、李義府、崔義玄是新興官僚集團的代表人物，許敬宗是杭州新城（今浙江新登縣）人，永徽初年任衛尉卿，李義府是瀛州饒陽（今河北饒陽縣）人，永徽六年（西元六五五年）任中書舍人，崔義玄是貝州武城（今河北清河縣）人，永徽六年任御史大夫，他們都不是出身關隴集團，而且在政治上尚未達到高峰，廢王皇后立武皇后是一次政治鬥爭，新興官僚分子遂利用這一機會，希望達到躍升掌權的願望。

許敬宗和李義府是擁武行動中出力最多的兩個人，誣陷長孫無忌和元老重臣們，編造罪名，加以殺害，幾乎都是許敬宗的傑作，李義府也是全力討好武后，不惜傾倒黑白來指控反武的元老重臣，這兩人具有文才，但品德不佳，為了升官，可以不擇手段做壞事。

以李義府為例，李義府外表老實，待人恭順，說話時總是滿臉笑容，但為人狡猾陰險，常在暗中傷人，當時人發現他表面柔和，害起人來卻手段毒辣，真是笑裡藏刀，就給他一個外號，叫李義府為「李貓」，意思是說李義府看起來像貓一般柔順，但他伸出利爪來會把人抓得鮮血淋淋。洛州有個美貌婦人淳于氏，因為犯罪，被收押在司法機關大理寺的監獄中，李義府垂涎淳于氏的美色，命令大理寺丞畢正義在審判時為淳于氏脫罪釋放，然後納淳于氏為妾。這件事被大理寺的長官大理寺卿段寶玄知道了，認為畢正義審判不公，違法失職，上書唐高宗，唐高宗命收押畢正義，派給事中劉仁軌審理此案，李義府怕真相洩露，強迫在牢房裡的畢正義自殺。唐高宗耳聞此案的幕後主導是李義府，但不願追究下去。侍御史王義方挺身而出，揭露了畢正義自殺的真相，並且彈劾李義府，可是唐高宗明顯地袒護李義府，反而指責王義方譭謗大臣，貶為萊州司戶。

李義府官至宰相，倚仗權勢，出賣官爵，貪污收賄，仗著唐高宗和武后的寵愛，只要有利可圖，違法的壞事都幹，弄得臭名滿京城。消息傳到了唐高宗的耳裡，有一天，唐高宗單獨召見李義府，唐高宗問李義府道：「聽說你的兒子、女婿行為很不檢點，做了不少非法的事，朕一直替你掩飾這事，你也該管束一下了。」

唐高宗的話明顯地在提醒李義府要反省自己的作為，不料李義府的反應是怒容滿臉，反問唐高宗說：「這是誰告訴陛下的？」

唐高宗有些錯愕，緩緩地說：「朕只是告訴你一聲而已，你又何必問是誰告訴朕的。」

李義府似乎沒有自我反省的意思，表現不悅地退出去，唐高宗看在眼裡，覺得李義府太過於恃寵自傲，是不是該教訓一下李義府了。

當時，有一個人名叫杜文紀，擅長星象卜卦，又會看氣勢，杜文紀告訴李義府，李府的房屋上有牢獄之氣，建議李義府要在住宅內放銅錢二十萬貫來壓制牢獄之氣，並且要念符咒來驅除邪氣。李義府接受了杜文紀的建議，開始搜刮銅錢。正好這時李義府的母親去世，李義府便藉機大量收禮。李義府為母親在城外建造宏偉的墓園，經常和杜文紀到墓園察看風水。

古人相信祖先的墳墓風水會影響後代子孫的氣運，一個人能成為開國創業的皇帝，都是因為他的祖先墳墓是在龍穴上，這本是無稽之談，但中國古代社會卻深信不疑。李義府如此看重母親墳墓的風水，莫不是找到了龍穴？這造成長安城內文武百官和老百姓的話題，議論紛紛。

於是，有人把李義府搜刮銅錢和察看風水的事向唐高宗報告，還加油添醬說李義府懷有異謀，李義府已經位居宰相，那麼他更大的野心是什麼？這讓唐高宗不能不想一想。

這時，有人向唐高宗告發，李義府的兒子李津召見長孫無忌的孫子長孫延，接受長孫延送的七百貫錢賄賂，任命長孫延為司津監。龍朔三年（西元六六三年）四月，李義府被捕下獄，唐高宗命中央三個司法機關：刑部、御史台和大理寺共同會審，唐高宗知道李義府官居宰相，勢力龐大，恐怕派一個官員來處理此案會遭李義府威嚇而辦不下去，所以派三個司法機關的首長來會審，可以抵擋李義府的壓力，獲得真相。果然在三個司法機關首長會審之下，查明李義府和兒子李津收受賄賂確是事實，並且還查收李義府父子許多違法和害人的事情。

三法司審查李義府的結果報告唐高宗，唐高宗下詔將李義府革職，流放到四川的巂州，李津也革職，流放到廣東的振州，李義府其他的兒子和女婿們都一律削去官職，流放到新疆的庭州。一夕之間，李義府的勢力全部瓦解，許多政府官員和老百姓都拍手稱慶。李義府家中許多奴僕都是被李義府連騙帶押而來的，這些奴僕從此獲得自由。這件案子是唐高宗下詔書辦的，當然武后也是主要的決策者，唐高宗和武后能拿當初擁護武后最賣力的走狗開刀，可見唐高宗和武后都是神智很清楚、很理性的人。

乾封元年（西元六六六年）唐高宗和武后在泰山舉行封禪大典，大赦天下，但流放在邊遠地區的罪人不在赦免範圍之內，因此李義府未能得到大赦的恩典，李義府聽到自己未被赦免，知道翻身已沒有希望了，便憂愁而生病，死在四川。

武后登上皇后寶座，執掌政權，她排斥了以世族門第為重的元老大臣，想到朝廷的官員要補充新血，於是開始重視科舉人才。所謂科舉，乃是分科舉才的意思，所以科舉分為許多類科，其中較著名的類科有秀才科、明經科、進士科、明法科、童子科、武舉科等，不過，在眾多類科中，以進士一科獨盛，士人以登進士科為榮，其他類料縱使入榜，也不被人視為榮耀，而且政治前途也不被看好。

進士科開始創設於隋煬帝時，但沒受到重視。到唐太宗時，唐太宗曾經有意用進士科考試作為籠絡天下英雄的手段，可是當時朝廷的官職早就被開國功臣和他們的親戚占據，到唐高宗即位之初，這種現象仍舊存在。武后掌權以後，把一大批元老大臣和他們親戚趕出朝廷，她就想到提拔進士科的人才來填補官職，從此士人更熱衷於考進士，進士成為唐代朝廷任官的主幹，於是進士及第者在政治舞台上比其他類科及第者升遷更快、更高，中國古代士人讀書本為從政做官，進士及第便能在政治上飛黃騰達，唐人怎能不趨之若鶩呢？所以唐朝社會稱剛考上進士或有希望考上進士者為「白衣公卿」或「一品白衫」，白衣、白衫指尚未有官職的人，公卿、一品是最高的官位，這表示社會上認為中了進士就會爬到政府的最高官位。

七、開始重用進士科人才

從武后開始，一直到清朝末年，一千多年間，無論是唐、宋、元、明、清，政府重要官職幾乎都由進士科出身的人擔任，如果一個人官居要職卻不是進士科出身，他會認為是一大遺憾的事。

八、二聖

唐高宗有頭暈、頭痛的毛病，病發的時候當然沒有心情處理國家政務，可是中國古代是君主專制的政治，政府重大的事情都要皇帝裁決，所以唐高宗想不理會那些政務也不行，幸好有能幹的武皇后可以代他處理政務，他也信任武皇后能把政務處理得好。

武皇后掌握政權之後，她對權力狂熱的本性逐漸顯露出來，她處處表現出她才是最高的權力者，作威作福，有時唐高宗想做什麼事都會被武后阻止，這讓唐高宗十分生氣，覺得武皇后太過分了。

麟德元年（西元六六四年），武皇后召道士郭行真入宮做巫術禱告，這事從來就是皇宮中的禁忌，宦官王伏勝向唐高宗告發武皇后做了這違反皇宮禁忌的事，唐高宗大怒，便召了宰相上官儀進宮，君臣二人討論如何處理這事。上官儀暗中觀察，發覺唐高宗言詞之間流露出對武皇后的不滿，便對唐高宗說：「皇后專權，任意而為，文武官員和百姓都感到失望，請陛下降旨，廢武皇后。」唐高宗正在氣頭上，就同意了上官儀的說法，當場命令上官儀起草廢武皇后的詔書。

廢皇后是何等重要的事，武皇后早就安排了宦官和宮女在唐高宗身邊做她的眼線，這時，做眼線的宦官趕快飛奔去向武皇后告密。武皇后得知這消息，立刻到御書房來見唐高宗。恰巧上官儀剛走，武皇后聲色俱厲地質問唐高宗，為什麼要廢皇后？唐高宗從來沒有看過武皇后這麼兇的表情，嚇得瞠目結舌，說不出話來。

武皇后看見書桌上有一份文件，拿起來一看，就是廢武皇后詔書的草稿，這下證據確鑿，武皇后直指著唐高宗，又哭又叫，唐高宗退縮到牆角，滿臉驚恐。

過了好一會兒，等武皇后發完了脾氣，唐高宗才畏畏縮縮地走到武皇后面前，向皇后賠罪，保證不會下詔廢皇后，請武皇后息怒。

用剛烈的方法把廢皇后的事阻擋下來，這天晚上，武皇后改用溫柔的手段來安撫唐高宗。武皇后吩咐擺下豐盛的酒宴，和唐高宗共享。武皇后知道她雖然可以對文武百官發號施令，但她的權力仍是皇帝給她的，如果皇帝要收回權力，甚至堅持要廢皇后，她是無法對抗的，所以，用柔軟的手段來安撫皇帝是必要的。

美酒佳餚總是讓人愉快的，漸漸地唐高宗忘記了剛才的驚恐，又感到武皇后是那麼溫柔體貼，給他很大的安全感。就好像一個犯了大錯的孩子被母親責罵而驚嚇，到了晚上，母親又摟著孩子輕輕地撫愛著，這會讓孩子緊抱著媽媽痛哭。唐高宗的心情就像那孩子，他感到他多麼需要武皇后，他不能失去武皇后。

武皇后為唐高宗挾了幾樣他最愛吃的菜，輕聲地對唐高宗說：「皇上，我們的感情不是好得很嗎？我們那麼恩愛，我每天為你分憂解勞，你為什麼要廢掉我呢？」

聽到武皇后又提起白天的事，唐高宗趕緊說：「這不是我的主意，是上官儀教我做的。」

「哦！上官儀。」武皇后端起酒杯，送到唐高宗嘴邊：「皇上，上官儀原是廢太子李忠的部屬，李忠被廢，上官儀當然恨我，所以他要找機會為李忠報仇。皇上，你要防範那些小人離間我們夫妻。」

唐高宗接過酒杯，一飲而盡，點頭回答道：「皇后說的是，朕以後會小心，朕最相信的人就是你。」

過了幾天，武皇后授意許敬宗，誣告上官儀、宦官王伏勝暗中和廢太子李忠陰謀造反，於是上官儀父子和王伏勝都被處死，廢太子李忠被賜自殺，上官儀的家屬都被收押為官奴。

從這件事以後，唐高宗上朝，武皇后必坐在皇帝的身後，垂下絲簾，聽文武百官奏事，許多重要的大事，武皇后都會開口代皇帝做裁決，於是文武百官知道一切升官降級的榮辱大權，生與死的決定大權都操在武皇后手裡，唐高宗只是一個虛有其表的皇帝而已。不久，群臣們稱唐高宗和武皇后為「二聖」。「二聖」是兩個聖人的意思，唐朝人把皇帝稱為「聖人」，「二聖」就是兩個皇帝，這種稱呼是中國歷史上從來沒有的，中國古代沒有男女平等的觀念，中國古人有「男尊女卑」的觀念，「男尊女卑」的觀念是社會普遍接受的，所以，丈夫的地位必然是高於妻子，當然皇后的地位一定低於皇帝。現在，「二聖」的稱呼是把皇后的地位抬到和皇帝一樣高，這是史無前例的事，可見武皇后的威望是極為崇高的。

乾封元年（西元六六六年）唐高宗到泰山去封禪，所謂泰山封禪是到山東泰山山頂去祭祀天地，向天地報告皇帝的政績，請求天地賜福。由於古代交通不便，泰山離開京城又遠，皇帝率領文武百官成千上萬人馬，路途遙遠，行動困難，所以古代皇帝到泰山封禪者很少，在唐高宗以前，只有秦始皇、漢武帝、漢光武帝三位。

唐高宗前往泰山封禪的出發地點是河南洛陽，隨行的隊伍綿延數百里，除了文武百官、護駕衛隊外，各國的酋長、首領也帶領他們的族人和牛、羊、駱駝等一起參加，由於唐朝時還沒有大型旅館，所以隨行的人夜晚都搭帳篷住宿，於是，從河南洛陽到山東泰山，一路上滿山遍野都是各式各樣的帳篷，真是奇觀。

依照往例，到泰山山頂祭祀天地都只有男性參加，然而武皇后堅持要參加，不但自己要參加，而且要率領唐朝後宮的妃子、宮女、公主等女性一同參加。

到了泰山封禪，向天地行禮，第一個獻上供品的是唐高宗，第二個獻供品的就是武皇后，站在祭壇兩旁除了宦官、衛隊、宰相大臣之外，還有許多妃嬪宮女，這種祭天地禮儀是前所未有的，女性竟然能置身於這數百年難得一見的最尊貴、最隆重的大典中，讓當時的人都覺得不可思議，難道時代在變了？

封禪儀式完畢，宣布大赦，文武百官加薪晉級，皆大歡喜。唐高宗從泰山回程，經過山東曲阜，封孔子為「太師」，又經過河南亳州，到老君廟，老君廟供奉老子，老子是周朝人，姓李名耳，唐高宗認為老子是李家的祖先，便封老子為「太上玄元皇帝」。

上元元年（西元六七四年）八月，唐高宗下詔將皇帝稱為天皇，皇后稱為天后。天皇、天后的稱號大約只用了十年，唐高宗死了以後，後代的君主仍用皇帝、皇后的稱號。

唐高宗的頭暈、頭痛的毛病越來越嚴重，有意讓天后攝政而後傳位給天后，宰相郝處俊反對，郝處俊對唐高宗說：「在《禮記》裡記載：『天子理陽道，皇后理陰德。』所以，皇帝和皇后就像太陽和月亮，各有分寸，皇帝治理外，皇后治理內，這是天所定的道理。陛下現在想要違反天道，臣恐怕上會遭到天的責罰，下會讓百姓覺得奇怪。從前魏文帝曹丕曾下詔令，死後不許皇后臨朝，現在陛下何以還健在之時就要傳位給天后呢？何況天下者，高祖、太宗建立之天下，不是陛下建立的天下，陛下應該為高祖、太宗守住天下，傳之子孫，實在不可以把高祖、太宗辛辛苦苦打下來的天下送給別人。請陛下仔細考慮。」唐高宗聽了郝處俊的話覺得有道理，就點頭表示道：「你說的對，朕打消了這個主意。」

其實，攝政的例子在唐朝以前常常出現，尤其當皇帝年紀很小，不能處理政治事務的時候，常會由別人來攝政，就是代小皇帝來處理政治事務，其中較著名的例子像周朝初年，周武王死後，兒子周成王即位，由於成王年紀小，就由成王的叔叔周公旦攝政，替成王主持朝政；又如西漢末年，漢平帝死，無子，在宗室中選立廣戚侯子嬰為皇帝，年僅二歲，王莽攝政，代小皇帝主持朝政。事實上，武皇后坐上皇后寶座之後就開始掌握朝政決策大權，雖無攝政之名，卻有攝政之實，群臣並沒有反對，郝處俊不是反對武皇后攝政，而是反對唐高宗要把皇位傳給武皇后，中國從夏商周以後，有父死子繼、兄終弟及等傳位的方式，可是從來沒有夫未死而傳妻的例子，所以唐高宗自己想想，也覺得不妥，於是武皇后當女皇帝的夢就要延後實現了。

九、北門學士

武皇后執掌政治大權以後，為了表示她不是一個無知無識的女流之輩，便向唐高宗上了一道奏章，提出她治理國家的十二項意見，這是天后第一次有系統地提出的政見，史稱「建言十二事」。這十二項政見是：

（一）發展農業，減輕賦稅和傜役；

（二）京師附近的百姓免除租稅和傜役；

（三）停止對外用兵，以道德教化人民；

（四）全國不論地區，不論宮內宮外，一律禁止浮華淫巧；

（五）避免大興土木，節省政府支出和勞力；

（六）廣開言路；

（七）杜絕讒言；

（八）王公以下都要研習老子《道德經》；

（九）父親健在而母親死亡，兒子要為母親守孝三年；

（十）上元元年以前，有功勞的人如果朝廷已發給委任狀的，無需再進行考核；

（十一）中央官員八品以上者增加俸祿；

（十二）文武百官中有任職時間已久，才能高而職位低者，可以超級晉升。

武皇后的十二項建言客觀地說，確是治國的良策，一部分是發揚儒家治國精神，例如重視農業、以道德教化人民、反對奢侈、節省民力等，一部分是延續唐太宗貞觀時代的政策，例如廣開言路、杜絕讒言等，一部分是全新的政策，例如提倡讀老子《道德經》、為母親守喪三年、為政府官員謀福利等。從這十二項建言可以看出來，武則天實在是一個有政治眼光和治國手段的女人，中國古代的女子受到教育的局限，以及生活環境的狹小，幾乎沒有任何一個女子（包括漢高祖的呂后和清末的慈禧太后）能提出一套像武則天所提的治國政策，武則天實在是中國古代極難見到具有政治才能的女子。

武皇后的十二項建言得到唐高宗的同意，下詔書命令立刻付諸實行，這十二項措施得到好處的是文武百官和全國百姓，於是人人稱讚武皇后聖明，使武皇后的聲望大大提升。

十二項建言提出後三個月，武皇后又向唐高宗提出一個建議，請加強修撰歷史的工作，武皇后舉唐太宗貞觀年間的事為例，唐太宗曾命令有史學才能的人編撰了魏晉南北朝和隋朝的歷史，現在仍舊應該重視歷史。唐高宗對修撰史書毫無興趣，他也不知道該做什麼事，於是，把修撰史書的事全部交給武皇后，他完全不管。

唐高宗的決定正中武皇后下懷，她開始物色有文才的人，不久，武皇后就選定了幾個有文學造詣的人：元萬頃、劉禕之、范履冰、苗神客、周思茂、胡楚賓，這幾個人雖有文才，官位卻都不高，最高的才五品官，所以全是中級官員。

武皇后邀請這幾位才學之士進宮，親自接見，並且在宮設宴款待他們，這事讓這幾位才學之士受寵若驚，他們官卑職小，能見到手握朝政大權的武皇后已是不容易的事，現在竟然能在皇宮裡和武皇后一起用餐，這事恐怕連宰相都很少有機會，他們竟有這份榮寵，內心的喜悅和激動，不言可知。酒席之中，武皇后談笑風生，消除了君臣之間的嚴肅氣氛。用完餐後，武皇后又賜給他們金錢和文房四寶，他們受到武皇后如此寵愛，個個跪在地上叩首，表示願意為天后竭盡心力。

武皇后為這幾個人在皇宮內靠近北門附近設置一個書房，要他們每天到書房來工作，他們的任務是修撰典籍，武皇后常常會到書房來看他們，和他們討論撰寫書籍的事。

皇宮的面積廣闊，正門是在南方，平日朝臣們上朝都是走南邊的正門進入皇宮，朝見皇帝，在南邊正門之外有許多房子，是中央政府官署的辦公場所。皇宮的北門是皇宮的後門，北門是皇帝、皇后、妃嬪、王子、公主和皇室親戚們進出的通道，所以這北門的重要性比南邊的正門更重要，北門駐有重兵，是皇宮禁衛軍司令部的所在地，北門內外，戒備森嚴，一般人是不准接近的，包括宰相大臣除非特許，也不能進出北門。可是，現在武皇后特准這幾個文學之士每天經由北門進出皇宮內的書房，這真是特殊的禮遇，令滿朝文武官員羨慕不已，大家稱這幾個人為「北門學士」，北門學士不是官名，是一種被人羨慕的特殊身分。

北門學士們為了不辜負武皇后對他們的厚愛，盡心盡力在書房撰寫書稿，他們完成了幾部書：《百僚新誡》是官員們的任官守則，《列女傳》和《古今內範》是講婦女的生活規範和修養，《樂書》是講音樂和慶典禮儀，《孝子列傳》是收集歷代孝子故事的書，《臣軌》是講臣子應該遵守的行為。這些書，除《臣軌》一書以外，都已遺失，十分可惜。《臣軌》是一部很薄的書，全書只有上下兩卷，總共才四千多字，這書是以儒家傳統道德觀念為基礎，論述為臣者的正心、誠意、忠君、愛國之道。這本書似乎是當時士人必讀之書。

從武皇后重視編撰書籍這件事來看，武皇后是一位有思想的政治人物，她瞭解在專制體制之下要鞏固統治權力，要先對被統治者給予思想教育，透過思想教育建立人民的觀念，而一個人的行為又是受觀念的影響，觀念中以為「是」的，雖死也要去做，如果觀念中以為「非」的，雖有金銀財寶誘惑也不肯去做，譬如從宋代以後，「守節」的觀念深入人心，一個女人當丈夫死後不能再改嫁，這種「守節」的觀念普遍被社會認為「是」，連婦女本身也認為「是」，於是許多寡婦寧願死也不再嫁，貞節烈女的事例隨處可見。所以一個政治領袖想要控制人民的行為，就要先建立人民的觀念，而建立人民的觀念最有效的方法就是加強思想教育。從《臣軌》這本書可以看出來，武皇后就是要加強對人民的思想教育，要人民建立服從和忠君的觀念。這種加強思想教育的工作，除了少數朝代的創業皇帝之外，大多數的男性皇帝都未曾想過，可見武皇后是一個有見識、有眼光的政治領袖，她的成功極非偶然的。

武皇后對北門學士十分關心，經常去書房看他們撰寫新書。有一天，武皇后把北門學士召到自己所居住的宮內，皇后的居所是隱密的，外朝臣子根本不可能進入，北門學士們被召到這神秘的地方，內心七上八下，不知道武皇后葫蘆裡裝什麼藥。

武皇后拿出了幾份文件給大家看，北門學士們一看大吃一驚，這些都是極機密的文件，只有宰相和皇上才能看的，他們不知道武皇后是什麼意思。

武皇后揮揮手，要大家坐下，慢慢地說：「這地方很隱密，你們不要害怕。我和你們相處了不少日子，我知道你們是很有學問的人，而且忠心耿耿，值得信任。從現在開始，我要請你們做我的參謀，許多重要的決策在做決定前，必須要瞭解外面的環境，再對事情作深入分析，我生活在皇宮中，不能隨便外出，對外面的情形有時不太清楚。以後，我要做決策之前，我會請你們告訴我外面的情況和反應，你們都是有學問的人，我也會聽你們對事情的分析。我這樣做，是希望我對國家大事的決定不要犯下錯誤。」

接著，武皇后下令，今後宰相和皇帝討論國家大政時，北門學士可以和宰相一同晉見皇帝。北門學士都是中級官員，竟然有這種特別禮遇，不得不讓宰相和文武百官另眼相看，雖然北門學士沒有決策權，但他們具有對決策的影響力，那是無庸置疑的。

這些北門學士似乎成為當時的「影子內閣」，這種情形在古代中國是很少見到的，武皇后的政治才能絕不輸於男性皇帝。

十、報仇

依照中國古代的政治習慣，皇后娘家的人稱為外戚，外戚們都會因為皇后的關係在政治上得到一些利益。武則天當上皇后以後，當然也不能不提拔一下自己家的人。武則天除了自己的母親和姊姊外，還有兩個同父異母的哥哥：武元慶和武元爽，兩個堂兄武惟良和武懷遠，武則天對這兩個哥哥和兩個堂兄都沒有好感，因為這兩個哥哥的年齡和母親差不多，兩個哥哥一直都欺侮她們母女，使武則天從小就心理受到創傷，早就有報仇之火埋在心裡，可是，現在她當了皇后卻不敢向哥哥們報仇，因為她怕別人批評她無情，不管她心裡如何恨，表面上總要維持兄妹之情的假象。武元慶等人原本受到父親的蔭庇，也在政府擔任低級官員，武皇后把他們拔擢到中央政府各部會擔任副部長級的高官，雖然武皇后滿心不願意，但她也想在朝廷裡布置一些自己武家的人作為自己的黨羽，來鞏固自己的勢力。

除了升了哥哥們的官外，又封母親楊氏為榮國夫人，姊姊為韓國夫人，成為京師的新貴人。

在武皇后的授意下，榮國夫人楊氏在家中擺設宴席，請武元慶、武元爽、武惟良、武懷遠四兄弟吃飯，慶賀這四兄弟新官上任。

酒席間，楊氏頻頻為這四兄弟挾菜、斟酒，儼然一副慈祥母親的姿態，武元慶四兄弟當然在繼母面前不敢露出跋扈的表情，反而顯出前所未有的謙卑，其實他們內心十分恐慌，不知道楊氏的笑臉背後有什麼陰謀。

酒過三巡，楊氏用誇耀的語氣對武元慶四個人說：「你們還記得過去的事嗎？今天你們榮耀升官，可有什麼感想？」

四兄弟聽了楊氏的話，舉目互望，楞了一會兒，武惟良首先站起來，對楊氏說：「我們在朝廷做一個小官，原是依賴父親輩的蔭庇。我自知才能低下，並不想求富求榮，現在因為皇后的緣故，意外地受到升官，但我並不引以為榮，相反地我感到憂懼。」

其他三個兄弟也接著說：「惟良兄長說得有理，官位越高越危險，我們也同樣感到擔憂。」

榮國夫人楊氏原本以為武元慶兄弟們會對以前的事表示懺悔，對現在的榮耀表示感謝，並且以後會順服楊氏和武皇后，不料武元慶兄弟不但沒有對以前欺侮楊氏母女的事道歉，也沒有對現在的榮耀表示感謝，他們的感覺只是擔憂和恐懼，這種反應讓楊氏大失所望，也感到生氣，於是一席酒宴不歡而散。

第二天，楊氏進宮向女兒武皇后說明宴請武元慶兄弟的情形，武皇后一聽不由怒上心頭，這幾個哥哥真是不知好歹，舊日的恨意又在心頭湧現，她內心在喊叫：「我要報仇！我要報仇！」

然而，武皇后是個深沉的人，她不會把憤怒輕易地表露出來，她要用計謀來懲罰這幾個哥哥。

過了幾個月，武皇后上了一個令唐高宗大感驚奇的奏章，武皇后的奏章說：「古代的賢德皇后無不以國為重，以家為輕，秉公無私，不偏親戚，東漢馬皇后不准自己的兄弟封侯，外戚中有不守法度者，立刻削去官職，傳為美談。本朝太宗長孫皇后也說過，不願兄弟子侄布列朝廷。長孫皇后的話足可垂範百代，母儀後宮。我雖不敢自比從前的賢后，但實在不願兄長因我的緣故在中央任官，請求將我的兄弟改任為遠州的地方官。」

武皇后的奏章冠冕堂皇，使唐高宗十分佩服，唐高宗向群臣公開了武皇后的奏章，稱讚皇后以國家為重，不私親戚，群臣們也不了解內情，只看到武皇后不重用自己的哥哥們，便覺得武皇后大公無私，十分可佩。

於是武元慶四兄弟都被解除了中央官職，改任偏遠的州刺史。不久，武元慶、武元爽都死在荒涼的邊疆。武惟良、武懷遠則尚未立刻死亡。

武皇后的姊姊被封為韓國夫人，嫁給賀蘭越石，生有一子一女，在女兒未滿一歲時，賀蘭越石就死了，韓國夫人年紀輕輕就成了寡婦。韓國夫人體態豐豔，舉止柔美，唐高宗甚為喜愛，她的女兒是個美豔少女，活潑可愛，也讓唐高宗意亂情迷，唐高宗封她為魏國夫人。這母女二人都受唐高宗的寵愛，經常日夜陪伴唐高宗。

武皇后何等精明，她發現自己的姊姊和外甥女竟成了自己的情敵，她在宮中幾十年，非常了解唐高宗，她不動聲色，假裝不知道唐高宗和姊姊、外甥女的私情，但加緊控制唐高宗，她的底線是唐高宗和姊姊、外甥女玩玩可以，但不容許把這母女二人納為妃嬪。也許天在助武皇后，過了幾年，韓國夫人突然生病死了。韓國夫人之死令唐高宗悲痛萬分，宣布三天不上朝，因為皇后的姊姊去世，皇帝竟然三天不上朝，這是極少有的事。姊姊死了，武皇后暗暗慶幸，她心裡放下了一個大石頭，除去了另一個蕭淑妃的隱憂，但表面上，武皇后裝著悲哀，穿上素服，送姊姊到墓地去。

韓國夫人死後，唐高宗更加疼愛魏國夫人，想封魏國夫人為妃嬪，武皇后不答應，唐高宗這時對武皇后是既依賴、又懼怕，所以事情就沒辦成。

武皇后知道這外甥女終是禍患，要想辦法除去才好。

有一天，有幾位邊遠州郡的刺史到中央來報告政務，當然他們也都會帶來當地的土產獻給皇帝。這些刺史中有武皇后的兩個堂兄武惟良和武懷遠。

武惟良和武懷遠來到京師，立刻受到榮國夫人楊氏的邀請赴宴，兄弟二人只當楊氏熱心要接待他們，於是興沖沖前去赴約。

到了榮國夫人的家，武惟良兄弟才發現唐高宗、武皇后和魏國夫人都在，似乎是安排了一次家庭聚會。

榮國夫人親切地招呼武惟良兄弟，武皇后說：「今天我們武家的人聚在一起，真是高興。聽說你們帶了一些禮物要送給皇上，何不拿出來大家看看。」

武惟良兄弟恭敬地回答：「是！是！我們不知道皇上和皇后在這兒，所以禮物沒有帶來，現在立刻派人去取。」

不久，禮物送來了，都是一些食物。

武皇后檢視一下這些食物，拿出幾條白魚，對唐高宗說：「聽說這白魚鮮嫩可口，是下酒的美味，現在燒幾條白魚，我們兄妹陪陛下飲幾杯，可好？」

唐高宗笑著說：「太好了！趕快去燒吧！」

於是武皇后親自到廚房，吩咐廚師烹調白魚。

過了不久，一桌菜準備好了，大家圍桌而坐，舉杯敬唐高宗和武皇后。唐高宗心情很好，飲暢幾杯，看著面如桃花的魏國夫人，心裡有一種飄飄然的感覺。

這時，一盤熱騰騰的白魚端上桌來，武皇后對外甥女魏國夫人說：「好菜來了，這白魚滋潤營養。自從你母親去世後，我最憐愛你，你時常服伺皇上，盡心盡力，也很辛苦。這條白魚是你兩個舅舅獻給皇上的，請你先嚐嚐，略表我這姨媽一點心意。」說著就把白魚放在魏國夫人面前。

唐高宗看到這情景，便笑著拍手說：「好！好！你趁熱的先嚐嚐美味。」

魏國夫人感激地對武皇后說：「母親過世了，姨媽待我比媽媽還好，甥女年幼無知，還要請姨媽多多教訓。」

說完，魏國夫人就低頭吃白魚。大家似乎都在欣賞她品嚐美味的感覺。

很快地魏國夫人把白魚吃完，正準備說話，忽然覺得肚子一陣巨痛，立刻倒在地上。大家驚慌地圍了上來，只見魏國夫人口嘴都在流血，慘叫幾聲，就氣絕死亡了。唐高宗伏在魏國夫人身上，嚎啕大哭。武惟良、武懷遠兩人全身顫抖，不知所措，口中喃喃自語：「這是什麼回事？」

這時，武皇后鐵青著臉，指著武惟良兄弟，厲聲叫道：「你們這兩個忘恩負義的賊子，竟想用白魚毒死皇上。」

武惟良、武懷遠趕緊為自己辯護，武皇后完全不予理會，唐高宗早已哭得不能處理事情，一切交給武皇后去辦。

於是，武皇后下令，武惟良、武懷遠謀逆，不必經過司法審判，立刻處死。

白魚的毒是誰下的？無人敢追查，反正武惟良兄弟已死，罪名就是下毒。可以確定的是：武皇后內宮爭寵的威脅解除了。

十一、兩個太子的結局

武皇后和唐高宗共生了四個兒子和兩個女兒，除了長女在嬰兒時就死亡之外，其他子女都長大成人。長子李弘被立為太子，次子李賢封雍王，三子李顯（後改名李哲）封英王，四子李旦封豫王（後改封相王），幼女封太平公主。

太子李弘性情仁孝，對人彬彬有禮，喜歡讀書、喜歡和士大夫們談論，是一個溫和友善的人，朝廷上下，都對太子李弘有好感。

由於太子李弘是個守禮的人，性格較為保守，處世謙和，待人寬厚，這些方面顯然和他母親武皇后是不同的，於是，太子李弘和武皇后常常意見不合，因此武皇后漸漸地不喜歡李弘。

義陽公主和宣城公主是蕭淑妃所生的女兒，當蕭淑妃被處死時，這兩位公主才十二、三歲，就被幽禁在皇宮內一個很偏僻的角落。她們失去了公主的尊號和榮耀，像是囚犯一般被對待，年齡已經三十多歲，當然未曾出嫁。有一天，太子李弘走到皇宮這個偏僻的地方，發現了這兩個可憐的女人，竟是自己同父異母的姊姊，又驚訝又同情，馬上請求父親唐高宗讓兩位姊姊出嫁，唐高宗原本忘了蕭淑妃還有兩個女兒，經太子李弘一說，也覺得於心不忍，便答應將義陽公主和宣城公主出嫁。

這件事引起了武皇后的震怒，她氣太子李弘不該為蕭淑妃的女兒出面求情，太不體恤自己母親當年血淚鬥爭的辛苦心情，竟然去幫助仇人的女兒。不過，武皇后是個深沉的人，她雖然極為生氣，但唐高宗既已答應，也只好把義陽公主和宣城公主嫁出去。於是武皇后為她們兩人物色對象，最後選了看守皇宮的禁衛軍中兩個官階極低、年紀很大的小軍官，把兩人嫁了出去，沒有嫁粧、沒有典禮，唐高宗和太子李弘都沒出面，只有武皇后假惺惺地送去幾樣賀禮。

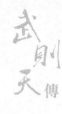

雖然沒有婚禮，義陽公主和宣城公主總算出嫁了，太子李弘去謝謝母親武皇后，稱讚母親寬宏量大，不念舊惡，說了一大堆恭維的話，武皇后只微微一笑，也不回答。武皇后心裡卻在盤算，這個兒子太不像自己了，如果將來繼承皇位，恐怕會不利於自己的掌控政治大權。

有一天，唐高宗、武皇后和太子李弘在宮中晚餐，餐後，太子李弘突然死了，御醫報告，太子李弘是因酒食過量引起急性腸胃病而去世，但宮中宦官和宮女們盛傳太子是中毒而亡。這又是一樁皇宮疑案，許多史書裡都認為這事是武皇后所做的。

李弘死後，唐高宗立了武皇后所生的第二個兒子雍王李賢為太子。太子李賢相貌俊美，喜歡讀書，頭腦靈活，善於處理事情，似乎是個精明能幹的人，唐高宗非常欣賞太子李賢，認為可以擔負重任。

不久，唐高宗和武皇后離開長安，到東都洛陽去，京師長安的國家大政都交給太子李賢。太子李賢果然不負父親的託付，把國家大政處理得井井有條，公正而妥當，得到群臣們的敬佩和稱讚。

這時，在宮中有一個流言正在盛傳，說太子李賢是武皇后的姊姊韓國夫人和唐高宗私通所生，由於家醜不可外揚，就歸到武皇后名下，成為武皇后的次子。這種傳言雖然傳播很廣，但沒有確切的證據。

太子李賢在長安召集了幾位朝臣來對《後漢書》做注釋，他把這事報告唐高宗，唐高宗認為修史是好事，對太子李賢大為誇獎。但是，當武皇后聽到太子李賢要注釋《後漢書》時便極不高興，因為後漢是一個太后臨朝最多的朝代，太后執掌朝政自然引用外戚，而小皇帝不甘心受制於外戚，便聯合宦官起來打倒外戚，同時也消除了太后，這種外戚和宦官不斷循環鬥爭成為後漢政治上一大特色，外戚和宦官的鬥爭其實幕後是太后和小皇帝的鬥爭。武皇后是一個極敏感的人，太子李賢為什麼不去注釋《史記》、《漢書》或《三國志》，偏偏選中《後漢書》，莫非太子李賢恨惡太后干政，才選了《後漢書》？如果是這樣，太子李賢一旦做了皇帝，她便是太后，這小皇帝就要除去太后，那景象就太可怕了。所以，武皇后對李賢要注釋《後漢書》大為不滿，對太子李賢產生疑慮。

太子李賢聽說武皇后對他不滿，並不知道是什麼原因，又聽到宮裡的傳言說自己不是武皇后所生的，心裡就有了恐慌的感覺。這時，太子李賢又收到母親送來的兩本書：《少陽政範》和《孝子傳》，這兩本書都是北門學士們所編寫的，主要內容是教忠教孝，這似乎表示太子李賢不忠不孝，太子李賢自己實在想不透自己哪裡不忠不孝。但是，從此以後，太子李賢就常被武皇后責備，這使得太子李賢內心更加感到不安。

有一個叫明崇儼的人善於符咒幻術，受到唐高宗和武皇后的寵愛，官拜正諫大夫（正四品下），明崇儼曾向武皇后說，太子李賢福分很薄，難以繼承大位，太子李賢的三弟英王李哲相貌像唐太宗，四弟相王李旦的相貌最為尊貴，從英王和相王中選一人都比太子李賢好。明崇儼這話被傳出來，太子李賢也聽到了，更加憂心忡忡，每天情緒不寧，對於未來，越來越有不確定感。

調露元年（西元六七九年）五月，明崇儼被盜賊殺死，兇手始終沒有抓到，武皇后懷疑是太子李賢派人去殺了明崇儼，因為明崇儼曾指責太子李賢不堪大任。

太子李賢雖然聰明能幹，但有個缺點，就是愛好聲色享樂，在太子宮中，經常有歌舞盛宴，他有一個親近的僕人趙道生，趙道生深得太子李賢的寵愛，兩人極為親密，頗像是同性戀，太子李賢給趙道生的各種賞賜極多，大家都覺得這行為超過了主僕關係。

有一天，幾個軍人奉了皇帝的命令，來到太子宮中捉拿趙道生，趙道生被關入監牢，經過審問，趙道生竟供出明崇儼是太子李賢派人殺死的。趙道生為什麼要說明崇儼是太子李賢派人去殺的？這事是真是假？有人認為那是武皇后指使審判官逼迫趙道生說的，但真相模糊不清，只是趙道生是太子李賢最親近的人，他親口說太子李賢是明崇儼命案的主謀，這話使人不得不信。

接著，武皇后親下手諭，派人逮捕太子李賢，並命宰相薛元超、裴炎和御史大夫高智周三人共同審問太子李賢。

薛元超等人奉命審理太子李賢的案子，便派人到太子宮中搜查，在宮中搜出鎧甲幾百套，認為太子宮中不該有這麼多的鎧甲裝備，這是蓄意謀反的證據。於是太子李賢就被審判官冠上殺人謀逆的罪名。

謀逆是叛國大罪，唐高宗一直很喜歡太子李賢，想要給予寬恕，饒恕太子的罪。武皇后對唐高宗說：「先帝曾說過：法，非天子一人之法，乃天下人之法，由於一己之私而亂了國家大法，這不是明君該做的事。陛下可還記得先帝拋卻私情，執法如山的事吧？濮州刺史龐相壽原是秦王府的幕僚，犯了貪污罪，先帝並未因為龐相壽是自己的親近部屬就免了他的罪。這樣例子很多，陛下應當效法先帝的精神，執法不徇私情。何況為人子者圖謀大逆，天地所不容，大義滅親，豈可赦免。」

武皇后說得大義凜然，唐高宗還是流著淚向武皇后說：「賢兒雖然犯了大罪，他畢竟是我們的兒子，就饒了他這一次吧！」

武皇后很嚴肅地說：「我非鐵石心腸，賢兒是我十月懷胎生的，我怎能不疼他？但是，我更看重國家社稷的鞏固和陛下的安全，圖謀大逆是會危害社稷，也危害到陛下，我寧犧牲自己的親生兒子。」

武皇后說著就哭了起來，這反讓唐高宗過來勸武皇后不要難過。接著，唐高宗下令廢太子李賢為庶人，囚禁於京師，太子東宮的官員一個個都受到處罰。

不久，太子李賢被流放到巴州（今四川巴中）。三年後，武皇后派左金吾將軍丘神勣到巴州，迫李賢自殺，結束了李賢的太子夢。

十二、唐中宗被廢

太子李賢被廢以後，唐高宗立了武皇后所生的三子李顯（後改名李哲）為太子。李顯不如他的兩個哥哥太子李弘、太子李賢優秀，是一個平庸、沒有才能的人。

唐高宗的身體越來越壞，弘道元年（西元六八三年）十二月病逝，享年五十六歲，做了三十四年皇帝。唐高宗遺詔命太子李顯繼承皇位，宰相裴炎輔政，軍國大事需要裁決者，由天后處理。這最後的遺囑等於宣布雖由裴炎輔政，但國家的實權仍操在武后的手裡。

太子李顯即位，是為中宗，尊母親武皇后為皇太后，封妻子韋氏為皇后，這時唐中宗年二十九歲。

唐中宗為人雖然昏庸愚昧，但和韋皇后感情很好，當時韋皇后的父親韋玄貞是普州參軍，是一個七品的低級地方小官，中宗即皇帝位，立刻擢升韋玄貞為豫州刺史，過了幾天，唐中宗似乎覺得給岳父做一個地方官太小了，便對宰相裴炎說，要任命韋玄貞為侍中，侍中是宰相，是正三品的高官。

任命新的宰相這是朝廷重要的大事，輔政大臣裴炎立刻表示強烈反對，因為韋玄貞原是一個地方政府中的科長級的小官，一下就升為中央政府執掌全國大權的宰相，這個舉動是完全違反政治倫理的，而且韋玄貞對國家沒有大功勳，沒有聲望，完全不能讓群臣心服口服，加上由七品小官像乘火箭一樣直達升到三品的高官，完全破壞了唐朝已有的文官升遷制度，所以，裴炎的反對不是討厭韋玄貞，而是基於這項人事命令不合政治倫理習慣，也違反法令制度。

唐中宗剛剛登上皇位，看到裴炎反抗自己的命令，大發脾氣，認為裴炎是在挑戰自己皇帝的權威，便對裴炎怒吼：「只要我高興，我把天下給韋玄貞，有何不可？難道還在乎一個侍中的官職嗎？」

裴炎看見唐中宗發怒的樣子，嚇得不敢再說話，恭恭敬敬地退了出來。他雖然受唐高宗臨終前託付為輔政大臣，但終究是臣子，怎麼可能抗拒新皇帝的旨意？但這件事如果不阻止，將來韋家外戚必然會掌控朝廷，所以這是有深遠影響的事，他覺得要向武太后報告。

於是，裴炎立刻進宮求見武太后。

武太后很仔細地聽裴炎報告事情的經過，她聽到唐中宗要任命韋玄貞為侍中，臉上露出不以為然的表情，當聽到裴炎轉述唐中宗說：「只要我高興，我把天下給韋玄貞，有何不可。」的時候，武太后勃然大怒，站了起來，大聲說：「皇帝怎麼可以說這種話，他不配做皇帝。」

武后的野心是放在皇帝大位上，她除去太子李弘、太子李賢，是因為這兩個兒子妨礙了她的野心，現在唐中宗竟然說要把天下給韋玄貞，那麼她的皇帝夢將完全破碎，這是多麼可怕的事，這個兒子沒有想到把天下給媽媽，卻願意給岳父，這個兒子豈可再坐在皇帝位子上。

於是，武后和裴炎秘密商議，決定廢掉唐中宗。

嗣聖元年（西元六八四年）二月五日，武太后在東都洛陽乾元殿召集群臣，唐中宗也在場，這時宰相裴炎、中書侍郎劉禕之、羽林將軍程務挺等率領一批軍士入宮，站在乾元殿上，裴炎宣布武太后的命令，廢唐中宗為廬陵王。宣讀武太后的命令完畢，幾個軍士就快步走上來，挾持唐中宗下了皇帝寶座。

唐中宗對這突如其來的行動嚇呆了，當軍士挾著他下殿的時候，他激動地回頭對武太后叫道：「我有什麼罪？」

武太后很嚴肅地回答說：「你要把天下奉送給韋玄貞，怎麼會無罪！」

唐中宗還想辯護，但看到殿上刀光劍影，雄赳赳的軍士站滿大殿內外，群臣中沒有人出來為他說話，頓時舌頭打結，說不出話來。於是唐中宗被軍士們挾持著下了殿，結束了兩個月的皇帝美夢。

中國古代，皇帝是最高權力者，在沒有民主選舉制度之下，皇帝即位後，除非政變、反叛或失去實際權力被逼迫讓位，絕大多數都可以安安穩穩到自然死亡，皇帝被廢的例子並不多見。其實，在理論上，沒有人有權力來廢皇帝，只有皇太后有宣布廢皇帝的權力，因為太后是皇帝的母親，或是母親輩的人，母親有權力管教兒子，責罰兒子，縱使兒子是皇帝，也不能違抗母親，中國古代強調以孝治天下，皇帝如果反抗母親，這個皇帝就是不孝，不孝的皇帝如何治天下？所以在「孝道」的大帽子之下，當皇帝遇上強勢的母親，皇帝是不得不低頭的。試看清朝的慈禧太后把光緒皇帝控制得不能動彈，慈禧太后用的武器就是孝道。中國古代是「家天下」政治，一個王朝就是一個家族的私產，譬如唐朝是李家的天下，宋朝是趙家的天下，明朝是朱家的天下，天下是一家的私產，這一家最高的主宰是老祖母或老母親，老母親願意讓哪一個兒子來當家，外人不能干涉，所以用太后的名義下令廢皇帝、立皇帝，那是皇帝家族內部的事，群臣只能接受。

唐中宗被廢以後，武后下令立她的第四個兒子李旦為皇帝，是為唐睿宗，這時唐睿宗年二十二歲。

唐睿宗即位後，成為一個標準的傀儡皇帝，也許他對政治真的毫無興趣，也許他早已從他三個哥哥的遭遇看透母親武太后的政治野心，所以他自願做一個不管事的皇帝，國家大政全部由母親掌管。每天上朝，和群臣行禮如儀之後，自己就退到旁邊的一個小殿去，在那裡看書休息，任由母親武太后和群臣討論事情，他全不過問。所以，唐睿宗就像一個泥菩薩，供在上面，讓大家拜一拜，拜完了，泥菩薩就被搬走了，是一個完全沒有作用、沒有能力的偶像。

武后既掌握了絕對的大權，她就想到自己的娘家，她不會忘記自己姓武，她要光宗耀祖，讓武氏家族興旺。然而她早就把兩個哥哥武元慶、武元爽除掉，兩個堂兄武惟良、武懷遠也被她處死，這時，她想要提拔武家的人，便重用侄兒武承嗣（武元爽之子）、武三思（武元慶之子），讓武承嗣、武三思的官位步步高升，最後做到宰相。

光宅元年（西元六八四年）就是唐睿宗剛即位的那年，武承嗣請武后追封祖先為王，請建立武氏宗廟，武后同意武承嗣的建議，對宰相們說要追封祖先為王，並建宗廟，宰相們覺得很不妥當，因為依照唐朝建國以來的政治習慣，只有皇帝的兒子們和弟兄們才能封王，其他臣子都只能封公、侯、伯、子、男五個等級的爵位，武家的人要封王是不合規矩的，至於宗廟是皇族獨有的，群臣和百姓放置祖先牌位的地方是祠堂，武家不是皇族，怎麼可以蓋宗廟？

但是，當時武后大權獨攬，宰相們明知不妥，卻也不敢表示意見，唯有裴炎勇敢站出來反對，裴炎說：「太后母臨天下，當顯示大公，不可以私於所親，難道沒看見漢高祖的呂后，大封呂氏宗親為王，最後慘敗的事例，那是前車之鑑啊！」

武后不以為然，說：「呂后把權力交給活人，所以造成失敗，我現在是要追尊已經亡故的人，這有什麼關係！」

裴炎說：「事情要防微杜漸，不可以由小慢慢變大。」

武后不理會裴炎的反對，追尊了武氏的祖先為王。

裴炎說「防微杜漸」，真是擊中了武后的心意，武后早有意篡位稱帝，追尊祖先乃是稱帝的基礎工作之一——抬高祖先的地位，裴炎刺破了武后的陰謀，種下了不久之後裴炎悽慘結局的秧苗。

十三、徐敬業起兵反武

唐睿宗即位後，只是一個傀儡皇帝，大權完全掌握在武太后手中，當唐高宗還活著的時候，武后雖然已經掌權，但許多事情還是要請唐高宗同意，自己還不敢獨斷獨行，現在，唐高宗已死，兒子唐睿宗又完全不過問政事，武后沒有任何制肘，一切事情都由她一人決定，所以，這時的武后身分上雖然是皇太后，實際上和做皇帝沒有兩樣。

自古以來，太后當政無不重用外戚，外戚是娘家的人，外戚的榮辱完全依賴太后，所以太后會覺得外戚對自己必然忠心，最為可靠，西漢末年，漢成帝的母親王太后當權，引用外戚王氏，王鳳和王莽長期執政；東漢時期有六個太后臨朝，每位太后都重用自己的外戚。所以武太后執政以後，自然也會重用武家外戚，武家的子孫凡活著的都安排了重要的官職，並且封侄兒武三思為梁王，武承嗣為魏王，武承業為陳王，武承嗣的兒子武延基為南陽王，武延秀為淮陽王，武三思的兒子武崇訓為高陽王，武崇烈為新安王，武承業的兒子武延暉為嗣陳王，武延祚為咸安王，此外，武家封王的還很多。於是，武家聲勢顯赫，成為朝廷裡的新貴。

和武家形成強烈對比的是唐朝的皇室李家，李家子孫雖然早就封王，但這時遭到武后的打壓，把李家皇室諸王一個一個調邊遠地區去，這明顯地表示出來，現在是武家的天下，李家的人都被排擠出政治核心之外，武后的舉動讓李家的宗室諸王和忠於大唐王朝的人都感到憂心。

在政治不安的氣氛下，幾個政壇失意的人聚集在揚州（江蘇江都），這些人有徐敬業、徐敬猷、唐之奇、駱賓王、杜求仁、魏思溫等，他們的父親或祖父都是唐朝的高官名臣，他們自己也在朝廷任官，由於種種原因，他們分別被貶官或免職，所以他們對政府有一大堆的不滿，尤其對於武后廢唐中宗，更是強烈地指責。於是，他們商議以武力起兵討伐武后。他們推徐敬業為領袖。

徐敬業的祖父是唐朝開國名將李勣，李勣本姓徐，由於功勞大，唐高宗賜姓李，和皇帝同姓，表示尊榮。這時，李勣已死，徐敬業用計謀控制了揚州府，將揚州府的長官陳敬之囚禁起來，接著徐敬業吩咐釋放揚州監獄裡的罪犯和做奴隸的工匠，取出揚州府庫中的金銀財寶和武器，並且把揚州府的長官陳敬之殺之。

徐敬業占領揚州，打出擁護唐中宗復位的名號，成立匡復府，徐敬業自稱匡復府上將兼揚州大都督，以唐之奇、杜求仁為左右長史、魏思溫為軍師、駱賓王為記室，展開召募軍隊的工作，經過十幾天，募集了士兵十餘萬人，於是，正式宣布聲討武后，由駱賓王執筆寫了一篇「討武曌檄」，就是討伐武后的告全國人民書，這篇文告文詞典雅，氣勢豪壯，寫得有聲有色，對武后大肆攻擊，將武后的醜惡行為，描寫得淋漓盡致。

這篇文告的內容說：當今臨朝執政的武氏，本性並非和順，出身也很寒微，昔日曾充當太宗皇帝的低級妃子，以服侍皇帝之便得到太宗皇帝的寵愛，等到年齡稍長，又私通太子，她隱瞞了和先帝的私情，暗地裡謀求在後宮得到寵幸，她施展陰謀，讒言譭謗，迷惑君王，終於竊據了皇后的名位，致使高宗皇帝敗壞了人倫，成為父子共妻的禽獸。武氏心如蛇蠍，性同豺狼，親近奸佞，殘害忠良，殺姊屠兄，謀害君王，神人之所同嫉，天地之所不容。甚至包藏禍心，陰謀篡奪皇位，君王的愛子被幽禁在寒宮，武家的同族卻委以重任。徐敬業是唐室的舊臣，祖先是公僕之家，他氣憤當前的局勢，有志要安定大唐基業，順應全國民心，所以高舉義旗，發誓要消除妖孽，匡復唐室。你們有的享有國家的爵祿，有的是皇室的至親，有的曾擔任國家的重責，有的受先帝的託咐。先帝的遺言還在耳邊，難道你們就忘記了對李家的忠誠嗎？先帝墳上的泥土還沒乾，幼小的孤君現在在哪裡呢？如果你們能轉禍為福，顧念去世的先帝，擁護被廢的幼君，一同起來建立勛業，遵守先帝的遺言託咐，你們一定會得到封爵賞賜。

這篇文告用了很多典故，文字流暢，充滿感情，痛罵武后，卻不是無中生有，不是潑婦罵街式的無理謾罵，鼓動人們情緒，使人認同他們匡復唐室有理。

討伐武后的文告傳到洛陽，武后在皇宮中的書房裡，叫一個宦官把文告唸給她聽。這個宦官唸到罵武后的地方就停住了，他怕武后會生氣，不敢往下唸，沒想到武后竟連連催他唸下去，他唸了一段又停住了，因為罵得太厲害了，他怕武后生了氣會把怒氣發在他身上，萬一下令把他殺了，那才死得冤枉。

武后看這宦官唸得斷斷續續，便把文告接過來，自己從頭讀起，武后邊讀邊點頭，不斷地誇獎：「好文章，好文章。」武后是一個心胸狹小、有仇必報的人，現在竟然不斷稱讚這篇罵她的文告，豈非怪事，原來武后喜愛文學，遇到好文章常會愛不釋手，她被這篇文告優美的文詞，磅礡的氣氛，銳利的筆調所吸引，她一時忘掉這篇文告是在咒罵她。

武后讀完了這篇文告便問身邊的宦官：「這篇文章是誰寫的？」

宦官回答說：「是駱賓王寫的。」

武后忽然想起多年前有一個侍御史叫駱賓王，後來被人誣告貪污，結果駱賓王被降級到邊遠的地方做一個小官。武后再看一看手裡的文告，感慨地說：「有這樣文才的人竟流落到地方，朝廷沒有加以重用，真是宰相之過啊！」

宦官聽到武后的話，十分詫異地說：「駱賓王已經是十惡不赦的叛逆之人，太后為什麼還稱讚他呢？」

武后說：「世上奇才難得，自古明君都是惜才愛才的，太宗皇帝因為愛才，乃能建立大唐盛世。你可知道貞觀年間有位宰相馬周嗎？此人出身寒微，本是一介平民，在驍衛中郎將常何家中作門客，代常何寫了一篇奏章，談論治國策略，太宗皇帝十分欣賞，召見馬周，破格任用馬周為監察御史，後來當了宰相，這是用人唯才，不拘資格，所以求才若渴，是一個賢明君王應該有的態度。」

宦官聽了，趕緊說：「太后聖明。」

武后雖然欣賞駱賓王的文章，但她也瞭解徐敬業的叛亂是一件重要的大事，立刻召集了宰相們入宮開會，商量對策，宰相們大多主張派軍隊去討伐，只有宰相裴炎表示不同的意見。

裴炎說：「徐敬業興兵作亂是打著匡復廬陵王的旗號，皇帝年紀也不小了，卻沒有親政，所以他們才有藉口。只要太后召回廬陵王，讓他繼續執政，徐敬業之亂不用出兵就可以平定了。」

裴炎的話讓武后滿腹狐疑，裴炎為什麼反對出兵討伐徐敬業？為什麼要把廢掉的皇帝迎回來？這不是和徐敬業同一主張嗎？裴炎以前反對封武家的祖先為王是什麼居心呢？既然裴炎反對，宰相會議便沒有作最後決定，武后要宰相們再思考一下，便散會了。

會議剛結束，監察御史崔向武后報告說：「裴炎身為輔政大臣，國內有亂事他不主張平定，他的用心令人懷疑，叛軍的右司馬薛仲璋就是裴炎的外甥，所以，裴炎和徐敬業的叛亂事件脫不了關係。」

於是，武后下令逮捕裴炎下獄，派御史大夫騫味道審理裴炎。

十四、裴炎之死

徐敬業在揚州起兵反武后，宰相裴炎不贊成出兵平亂，反而要求武后把政權交出來，還給皇帝，引起武后不悅。有人告裴炎和叛黨勾結，一同謀反，於是武后下令逮捕裴炎下獄，命御史大夫騫味道審判。

裴炎是個脾氣剛直的人，他被關入監牢，仍然自認忠貞不二，語氣高昂，有人勸他委屈求全，向審判官求情。裴炎對勸他的人說：「宰相下獄，哪有苟且求生、保全的道理。」他抱著不屈服的態度，這當然對他不利。

在朝廷上，裴炎下獄當然是人人關心的事，大家會把這事當作話題來談論。有一天朝會時，宰相劉景先、胡元範等人對武后說，他們認為裴炎不會謀反，胡元範說得最明白，他說：「裴炎是社稷忠臣，有功於國，對皇上盡心盡力，他的忠心是天下人所共知的，臣確切知道他不會謀反。」

劉景先接著說：「如果裴炎反了，那麼我們這幾個人豈不也都反了？」

武后說：「裴炎的謀反有證據，只是你們不知道，我曉得裴炎謀反，你們各位不反。」

武后雖說你們各位不反，但沒多久，劉景先、胡元範就被逮捕下獄，免了他們宰相的官職，改任命了幾個力主裴炎謀反的官員為宰相。

在徐敬業起兵後的第二十天，裴炎在洛陽被斬首，武后令抄家，結果家裡毫無家財，連一擔白米的存糧都沒有，這個宰相清廉得讓人嘆惜。

宰相謀反是國家的大事，只用了十幾天，這個大案子就結了案，裴炎被判死罪，立刻執行，而負責審判的騫味道立刻被武后提升為宰相。這樣的過程和結果，不難發現裴炎謀反一案完全是一個政治冤獄。

另有史書說裴炎在獄中受嚴刑審問，裴炎招出與徐敬業有聯絡，而且還企圖趁武后到龍門旅遊之時，帶兵突擊武后，要挾持武后，逼武后還政給唐睿宗，可惜武后準備出遊的那天，下起大雨，武后宣布取消這次旅遊，裴炎的陰謀才未得逞。

其實，所謂裴炎的招供全是審判官騫味道偽造出來的，因為這個偽造的供詞不合邏輯。如果裴炎真的和徐敬業勾結，他在武后面前必然心虛而不敢表示意見，豈會當眾人都贊成派兵討伐徐敬業時，他一人反對用兵？那不是暴露他和徐敬業勾結的陰謀嗎？其實，裴炎的內心是坦蕩蕩的，他才敢講請太后把政權歸還給皇帝，徐敬業就沒有起兵的藉口，那麼不用派兵，亂事就平定了。所以，裴炎提出不用派兵，不是和徐敬業勾結，而是想用另一種方法平定徐敬業的亂事。至於說裴炎想趁武后到龍門旅遊時出兵突擊，這是異想天開的荒謬事，武后的身分等同皇帝，武后出遊，身邊保駕的必然是禁衛軍，依照唐朝的制度，宰相是無法指揮軍隊的，宰相可以調度少數守京城的軍隊，但這些守京城的軍隊主要任務是維持治安，沒有什麼作戰能力，不像禁衛軍是全國軍隊中的精銳，所以想要在禁衛軍保護下襲擊武后，那是絕對不可能的事，裴炎在中央政府做官很久，位至宰相，難道連這點「常識」都沒有嗎？所以這一定是騫味道假造的偽證，這偽證合於武后的心意，所以作偽證的人升了官，做了宰相。因此可以確定裴炎之死是一樁政治冤獄。

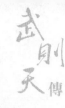

武后為什麼要殺裴炎？這是因為裴炎是武后稱帝的道路上的絆腳石。

裴炎對李唐帝國絕對忠心耿耿，當他發現武后大權獨攬，把唐睿宗當成一個木偶時，他的內心覺得不妙，當武后要追封武家祖先為王，並且為武家立宗廟，他幾乎可以確定武后的野心是在奪取皇帝大位，如果武后真的登上皇帝寶座，那麼，天下就不是李家的，而變成武家的天下，裴炎效忠的對象是李唐帝國，如果換了姓武的人擁有天下，那就是改朝換代了，裴炎是不可能把效忠的對象轉換的。所以，當有害於李唐帝國時，他會予以反擊，這就是武后要追封武家祖先為王、建立武氏宗廟時，裴炎要反對，唐中宗說要把皇位讓給韋玄貞，裴炎會嚇得趕快去報告武后，裴炎和武后以最快的速度廢了中宗，免得昏庸的唐中宗真的把李家天下變成了韋家天下。當武后專政，迫唐睿宗成為一個木偶皇帝時，裴炎是很恐懼又心痛的，徐敬業起兵反武后，裴炎內心是贊成的，他希望武后放手，把政權交還給姓李的皇帝，於是他直率地表示武后應該把政權還給唐睿宗。

裴炎赤裸裸對李唐帝國的死忠，武后看成是她通往稱帝道路上的大障礙，必須趕快除掉，裴炎的下獄和被殺是武后計畫的一部分，無所謂公正合法的審判，完全是政治陰謀的結果。武后連自己新生的兒子、女兒都可除掉，何況是和自己毫無感情的臣子呢！

當裴炎被關到監獄時，有一個郎將姜嗣宗從洛陽奉命到長安辦事，當時武后和文武大臣都在洛陽，裴炎也被關在洛陽，京師長安由劉仁軌負責留守，劉仁軌向姜嗣宗詢問東都洛陽的現況，姜嗣宗說：「宰相裴炎以謀反的罪名被關起來，我早就覺得裴炎有異於平常。」

劉仁軌追問一句：「哦！你早就發覺裴炎有異謀了？」

姜嗣宗點頭，很肯定地說：「是的。」

劉仁軌明白姜嗣宗是在自誇有先見之明，其實這是落井下石的行為，劉仁軌十分厭惡這種小人，於是不動聲色地對姜嗣宗說，要他幫忙帶一個奏章回洛陽，呈給武后，姜嗣宗欣然接受。

劉仁軌的奏章寫著：「姜嗣宗早就知道裴炎謀反而不報。」這奏章被密封起來，由姜嗣宗帶回洛陽呈給武后。武后看了奏章，痛罵姜嗣宗知反不報，立刻下令處死姜嗣宗，姜嗣宗其實並不真的知道裴炎有沒有異謀，只是一種事後吹牛，自誇有先見之明，結果害了自己。

當裴炎下獄之時，鎮守邊疆防禦突厥的大將軍程務挺也上書給武后，為裴炎辯護，說裴炎忠貞愛國，不會謀反。武后看了奏章十分不悅，有人告程務挺和徐敬業的黨羽有勾結，武后也不加審問，就派左鷹揚將軍裴紹業到程務挺的軍中去，殺了程務挺。程務挺是當時的名將，善於帶兵作戰，將士們都敬佩他，突厥更是聞程務挺之名就不敢前來侵犯。程務挺被殺，軍中將士無不悲憤痛哭，突厥聽說程務挺已死，大擺宴席慶祝狂歡。

武后也知道程務挺是一個傑出的將領，但她並不後悔殺了程務挺，因為程務挺極可能是她稱帝道路上的大障礙。

裴炎的侄兒裴伷先，十七歲，聰明正直，當裴炎被殺時，裴伷先寫了一份奏章，封面上寫著「密奏」，內文很簡單，說要見武后當面報告。武后曾見過這個年輕人，印象很好，就立刻召見。

武后問裴伷先說：「你伯父謀反，還有什麼話說？」

裴伷先回答道：「我怎麼敢來訴冤，我是為陛下的利益來獻計的。陛下是李家的媳婦，先皇去世以後，陛下大權獨攬，排除李家宗室，我伯父忠於國家，反被誣陷為有罪，我對陛下所作所為，感到可惜，陛下應該恢復兒子的皇位，自己在宮中修身養性，這樣可以保全武家子孫，如若不然，一旦天下大亂，就無法可救了。」

武后聽了大怒，命人把裴伷先拖下去，裴伷先被押走，還回過頭來大叫：「現在聽我的話還不遲。」連說了三次，武后氣得拍桌子，下令把裴伷先打一百棍，流放到邊疆地區去。

十五、徐敬業失敗

徐敬業在揚州起兵反武后，打的口號是擁護被廢的廬陵王復位，徐敬業自稱匡復府上將、揚州大都督，任命唐之奇、杜求仁為左、右長史，李宗臣、薛仲璋為左、右司馬，魏思溫為軍師，駱賓王為記室，召兵買馬，經過十幾天，就召募到十幾萬人。

徐敬業在揚州找到一個人，相貌很像已死的太子李賢，就宣布說：「太子賢並沒有死，現在揚州城內，我們是奉太子賢的命令起兵反抗武后。」當然這是為了欺騙百姓而編造出來的謊言，其實這種謊言是抄襲《史記》裡的一段故事，《史記》記載，秦始皇病死，秦二世即位，陳勝、吳廣揭竿起事，首倡反秦，陳勝、吳廣就抬出已死的太子扶蘇和楚國大將項燕的名字以為號召。徐敬業捧了太子李賢的名號，當時資訊尚不發達，老百姓分辨真假的能力不強，所以很多人都受騙，願意隨從徐敬業，所以徐敬業很快就能招募到十多萬人。

徐敬業占據了揚州，揚州是一個商業大城，也是淮河和長江下游物資的集散地，它的地位類似今天的上海，地位十分重要，但揚州地處平原，不是一個政治和軍事的基地，必須向外發展。徐敬業的軍師魏思溫主張出兵攻取東都洛陽，當時唐朝中央政府官員和武后都在洛陽。但是另有一些人主張向南渡過長江，攻取常州（江蘇武進）、潤州（江蘇丹徒），作為基地。這兩個作戰策略，前者攻取政治中心洛陽，可以號召天下，掌控全國，是積極性的策略，但洛陽附近必有唐朝政府重兵防守，所以進攻洛陽會遭遇較大的困難。後一個策略攻取常州、潤州，以長江為屏障，以江南的物資為後援，進可攻，退可守，這是一個較為消極性的策略，不過攻取常州、潤州較為容易得手。

徐敬業的祖父李勣是唐朝開國名將，徐敬業似乎缺乏他祖父的用兵魄力，他捨棄攻洛陽的積極性攻擊策略，採取進取常州、潤州的消極性自保策略，這個策略讓徐敬業自困在一個小地區，給予武后調兵遣將反擊的機會。

潤州和揚州只隔四十多里，潤州刺史李思文是徐敬業的叔父，徐敬業心想取潤州易如反掌，便寫了封信給李思文，要李思文舉城歸降。不料李思文對唐朝政府忠心耿耿，認為徐敬業是造反行為，立刻寫了一份奏章，派人快馬送往洛陽，報告徐敬業即將進攻潤州，請中央救援。

徐敬業將兵力分為兩部，由唐之奇領一部分軍隊守揚州，他自己率領一部分軍隊去攻打潤州，軍師魏思溫內心十分憂慮，對同伴說：「兵合則強，分則弱，徐敬業不肯集中力量渡過淮河，號召河南、山東一帶的反武勢力，直取洛陽，反而分散兵力到長江以南去，敗亡就在眼前了。」

徐敬業領兵到了潤州，潤州刺史李思文緊閉城門，抗拒徐敬業，徐敬業率領數萬大軍包圍潤州，潤州的守兵人數很少，抵抗多日，潤州城終被徐敬業攻破，李思文被俘，徐敬業念他是自己的叔叔，並未殺害，只將李思文關到監牢裡，囚禁起來。

當徐敬業起兵的消息傳到洛陽，武后發覺事態嚴重，因為揚州是中央政府物資經濟的供應地，失去揚州對中央政府的財政經濟會產生重大的影響，所以揚州的亂事必須迅速平定，中央政府一定要趕快重新掌控揚州。

於是武后立即召集大臣們開會商量對策，很快做出了幾項決定，一是將反對對徐敬業武力討伐的宰相裴炎囚禁起來，並且處死，以消除反對武力討伐的聲音；二是徐敬業的祖父李勣雖然已死，仍然下詔削去李勣一切的官職，挖開李勣的墳墓，打開棺木，將屍體斬首，並且取消李勣和他子孫們的李姓，恢復原本的徐姓。李勣如果死後有知，一定會後悔自己生前為什麼要贊成唐高宗立武昭儀為皇后。三是派李孝逸率領三十萬大軍去討伐徐敬業。

當徐敬業攻下潤州時，聽說李孝逸率兵指向揚州，徐敬業趕緊離開潤州，領兵北返揚州，駐兵在高郵縣的下阿溪（在揚州西北），又派弟弟徐敬猷帶兵駐守淮陰（今江蘇淮安）。

李孝逸的大軍很快就到了揚州附近，先頭部隊和徐敬業發生了接觸戰，李孝逸的部隊失利，讓李孝逸有些膽怯，打算暫停攻擊。這時軍營中擔任監軍的侍御史魏元忠對李孝逸說：「朝廷安危在此一舉，百姓長期安居樂業，聽到徐敬業作亂，人人痛恨，都想早些除掉亂賊，在這關鍵時刻，官軍要順應民心，一鼓作氣，掃除亂賊。如果你按兵不動，坐失良機，那可就會讓天下百姓大失所望了。假如朝廷另外選派將領前來代替你，那麼你就無法解脫你陣前畏縮的大罪了。」

魏元忠的職務是監軍，按自秦朝以來，皇帝怕手握兵權的將領不忠，都會派一個御史代表皇帝到軍中去監督那個將領，監軍不是一個正式官職，只是一個臨時被皇帝差派出去擔任監督工作的性質，他不是軍中的一分子，但他受皇帝指派，所以他對軍中的一切情形，包括將領是不是忠貞，將領是勇敢或者怯弱，戰術是否錯誤等等都可以直接上告皇帝，所以領兵的將領無不對監軍表示尊敬。李孝逸對於魏元忠的話自然十分重視，同時也覺得魏元忠講得有理，使打消了觀望的念頭，下令進攻。

這時，朝廷派了身經百戰的大將黑齒常之為江南道大總管，和李孝逸共同討伐徐敬業。

李孝逸的大軍和徐敬業的軍隊發生了激戰，雙方互有勝敗。有一天，李孝逸想要退兵，正巧這時狂風大作，魏元忠心生一計，對李孝逸說：「現在颳起大風，風向是由我方吹向敵營，我看敵營四周都是茂密的蘆葦，乾燥易燃，如果我們用火攻，定能大勝。」

李孝逸一聽，就說：「此計甚好，依計而行。」

到了夜晚，李孝逸悄悄派人潛入蘆葦之中，放火燃燒，火藉風勢，立刻蔓延開來，火勢沖天，燒到了徐敬業軍隊的營房，頓時亂成一團，有人被火燒死，有人跳到河裡淹死，有人丟了武器狂奔，李孝逸的軍隊埋伏在四周，立刻乘機追殺，徐敬業的軍隊一夜之間完全被消滅，死傷不計其數，李孝逸軍大獲全勝。

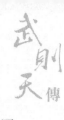

徐敬業和幾個部屬騎馬逃回揚州，帶著妻子，企圖先逃往潤州，再乘船逃往高麗。

這時，徐敬業帶著少數人馬奔逃，李孝逸的大軍在後追趕，情勢十分急迫。晚上，徐敬業等人來到海陵縣，想要渡河，卻颳起了狂風，船無法行駛。徐敬業的部將王那相眼見已到了窮途末路，便想向唐朝政府邀功，將功折罪。於是，殺了徐敬業、徐敬猷、駱賓王等人，帶著他們的首級向李孝逸投降。徐敬業的亂事至此平定，為時不過三個月而已。

徐敬業的失敗主要有三個原因：一是戰略錯誤：不該進攻長江以南，以致失去控制全局的先機，應該兵指洛陽，攻擊敵人的心臟，號召山東、河南一帶潛在的反武勢力，擴大聲勢。二是缺少軍事人才：徐敬業和他的幹部都是書生型的人物，缺乏有組織、領導作戰能力的將領，加上召募來的軍隊未曾經過訓練，都是烏合之眾，怎能和訓練有素的政府軍隊對抗。三是缺少有利的環境：從唐太宗以來六十多年國內太平，沒有戰爭，政治還算清明，經濟繁榮，人民生活安定，武后掌權執政，那只是皇宮的內鬥，對社會大眾並沒有發生不良的影響，所以社會上並沒有普通存在對政府或武后不滿的情緒，這不是一個有利於起來反抗政府或武后的環境，徐敬業的揚州起事像是在一個平靜的池塘裡投下一粒小石頭，起了一些漣漪，卻未引起大波浪。

徐敬業失敗了，帶來一個料想不到的後續事件，那便是出現了一群酷吏。

十六、武后的震撼教育

徐敬業揚州事件失敗，讓武后警覺到社會上有許多人心中是反對她的，如果這些反對勢力不加以清除，將會對她走向皇帝之路造成很大的障礙。如何消除反對勢力？首先要找出反對者在哪裡？像徐敬業等人是明顯的反對者，可以直接予以打擊，像裴炎是半明顯的反對者，也可以加以打擊，但是在社會上有許多反對者是隱藏性的，他們私下用口頭或行動傳染反武后的情緒，這種隱性的反對者必須清除，否則會像埋在地下的火藥，爆發起來威力極為可怕的。武后想到挖出潛伏的隱性反對者的方法是政府鼓勵告密。

其實，第一宗告密事件發生在徐敬業揚州叛亂之前，當唐中宗被廢為廬陵王的幾天後，有十幾個軍人在一起喝酒聊天，其中有一個人發牢騷說：「早知道新皇帝（指唐睿宗）即位並沒有給我們什麼賞賜，不如大家還是擁護廬陵王。」在座另有一人聽到這話，便悄悄起身溜出餐廳，跑到皇宮去報告，說有人要擁立廬陵王回來做皇帝，武后得到這個報告，立刻派一批皇宮禁衛軍趕到餐廳。這十幾個軍人還在大吃大喝，不料門口突然湧進了一群禁衛軍，把這十幾個人綑綁起來，沒有經過詳細審判，這十幾個軍人就被處死，告密的人得到五品官的厚賞。

不過，這次告密事件只是個案，並沒有蔓延開來，告密成為一種風氣是在徐敬業揚州事件之後。

當徐敬業之亂平定後，武后表示慶功，在皇宮中大宴群臣，酒菜豐盛，群臣無不開懷暢飲，武后顯得心情愉快，群臣紛紛向武后敬酒，武后也頻頻舉杯，不知不覺中多喝了幾杯，臉色因著酒意而泛紅，更是顯得容光煥發，這位年過六十的太后看起來才三、四十歲，群臣無不稱讚太后的美貌，讓武后心裡感到飄飄然。

慶功宴後第三天，武后又召集群臣到乾元殿，殿上的氣氛肅穆，群臣們不知道武后為什麼要召集大家前來，一個個神情嚴肅地站立著。

不久，武后進了殿，坐在御座上，態度冷峻，沒有笑容，用炯炯有神的眼光掃過恭敬地站立在兩廂的群臣。過了一會兒，武后用沉重的語調說：「朕自親政以來，早晚為國家社稷憂心，自認為沒有虧負眾卿，也沒有對不起天下百姓，眾卿可知道嗎？」

幾位大臣趕緊回答道：「陛下恩德，澤被天下，百姓全都知道。」

武后繼續說：「朕侍奉先帝二十多年，一直盡心盡力，隨時以天下為念。眾卿的富貴是朕給你們的；天下百姓的安樂是朕養育的結果。先帝駕崩之後，將天下託付給朕，朕日夜思慮，唯恐不能上承天意，下符民願，所以不敢愛惜自己而盡力體恤百姓，對臣下也是愛之如子，恩寵有加，有的人出將入相，飛黃騰達，可是為什麼辜負朕呢？」

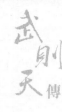

群臣們發覺武后的語氣越來越剛硬，顯然是生氣了，但沒有人知道武后為什麼生氣，大家都低著頭，屏息而立，沒人敢吭聲。

武后停了一會，提高嗓門，用嚴厲的語氣說：「你們中間有些是先朝老臣，可是倔強難制有超過裴炎的嗎？你們中間有許多將門之後，可是糾合亡命之徒有超過徐敬業的嗎？你們中間也有不少握有兵權的宿將；可是領兵攻戰有越過程務挺的嗎？裴炎、徐敬業、程務挺這三個都是很有聲望的人，但是他們與朕為敵，朕都能把他們消滅。你們中間有誰比這三人更厲害的，想圖異謀，請你們早點動手，否則就該痛改前非，免得身敗名裂，貽禍子孫。」

武后這一番話真是赤裸裸的威嚇，聽得群臣們膽戰心驚，其中年紀較長的幾個大臣首先跪了下去，對武后叩頭，其他的臣子也跟隨著一個一個跪下，大家齊聲說：「陛下天威，臣等願效犬馬之勞。」

武后冷冷地說：「朕不是要強迫任何人，你們應該識時務，明是非，趨利避害，如果有人利令智昏，想要投機僥倖，做大逆不道的事，那麼後果將很悲慘，那時後悔就晚了。」

武后說完，坐在御座上，眼看跪滿殿上的男性官員，俯伏在地，全都是誠惶誠恐的模樣，一股權力慾望滿足的驕傲感湧上她的心頭，幼年時，被同父異母的哥哥們欺侮、輕視的景象又浮現在眼前，現在實際的場景和當年的景象真是強烈的對比，現在她一人高坐在寶座上，所有的男人都伏在地上跪拜，可惜她的哥哥們早就被她殺掉了，否則她的哥哥們不是也伏地跪在人群中嗎！想到這裡，她心裡有一種復仇的快感。

群臣們接受了這次震撼教育，對武后增加了幾分恐懼心理，他們沒料到令他們更恐懼的事隨後而來，那便是告密的風氣像燎原的野火燒了起來。

垂拱二年（西元六八六年）正月，武后頒了一個詔書，表示要將政權交還給兒子唐睿宗，自己退居後宮。這個詔書引起了朝廷上下大震動，有人認為武后經過徐敬業事件，感受到太后主政不合民心，所以要歸政給皇帝；有人則懷疑武后退居後宮，還政給皇帝的誠意。不管政府官員們如何猜測，要面對問題的人是唐睿宗，唐睿宗非常瞭解自己的母親是一個權力慾望極強的人，凡是阻礙她掌握權力的人，她都會不擇手段將對方置於死地，裴炎、程務挺都是活生生的例子，自己三個哥哥的下場更是他親眼所見血淋淋的事實，雖然現在母親已經年過六十，但身體健康，平日也從來沒有厭倦政治的表示，這時母親突然表示要退居後宮，還政給自己，是什麼回事呢？唐睿宗左思右想，覺得母親是在演戲，要試探自己是否會搶她的政治權力，如果自己不識相，要伸手接過政治權力，把母親送到後宮，那麼自己就有步三個哥哥後塵的危險了，那是多麼可怕的事。其實，自己對政治權力確實沒有興趣，只想過平平穩穩、安靜舒適的生活就好了，如果真的手握政治大權，要處理的事太多，要應付的人太多，那可煩死了。於是，唐睿宗有了決定，快速地去見武后。

唐睿宗見到武后，立刻懇求母親不要退居後宮，要繼續掌理朝政，唐睿宗態度誠懇，武后感到很滿意，表示接受兒子的請求，繼續臨朝主政。其實，武后的確是在試探唐睿宗，唐睿宗謙讓的表現正合武后的心意。

第二天，武后向群臣們宣布，由於皇帝誠懇地請求她繼續主政，她不得不接受皇帝的懇求，勉為其難，繼續臨朝主政。

經過這場表演，武后的主持國家大政的理由似乎更正當，手握政治大權的基礎更加堅固了。

於是，武后展開了消滅潛伏之敵人的大計畫，那就是提倡和鼓勵告密，希望藉著告密，把藏在暗中的敵人挖出來。

有個叫魚保家的人，當徐敬業在揚州起事時，魚保家也在揚州，他為徐敬業製造兵器。徐敬業亂事平定，朝廷追查同黨，魚保家成了漏網之魚，未被朝廷逮捕。照常理來說，魚保家應該躲藏起來，找個安全、偏僻的地方保家保命，但不知何故，魚保家竟主動上書給武后，向武后報告自己有一個「發明」，魚保家說，他設計了一個銅匭，銅匭內分為四格，每格的上方有一個小洞口，可以將書信、文件投入，投入後便取不出來，除非用鑰匙打開銅匭底部的門。這種銅匭最便利接收告密的書信。

武后正煩惱不知如何推展告密的工作，得到魚保家的投書，十分高興，這正是她所需要的，立刻命令照樣製作。

銅匭很快就製作完成，四個格子漆成四種顏色，放在洛陽皇宮外朝房內，朝東面的格子漆成青色，叫「延恩匭」，專門收集求官的信件，南面的格子是紅色，叫「招諫匭」，收集批評時政得失的意見，西面為白色，叫「申冤匭」，收集申訴冤屈的投書，北面是黑色，叫「通玄匭」，收集有關天象災變的資料和向朝廷獻計謀的文書。

這銅匭的四個格子表面各自收集不同的書信，其實都是接受告密文書，任何人都可以去投書，這銅匭實在是告密的大門。

十七、告密與酷吏

告密的銅匭製作完成，放置在皇宮外的朝房上，派五名門下省的官員負責看管，任何人都可以隨時前來投書，負責看管的官員不得為難告密人，也不可以擅自開啟銅匭，每天必須將銅匭送進宮中，在武后面前打開，所有的告密文書都經武后親自批閱。

武后看過告密文書後，如果合於武后的心意，武后會賞賜給告密者官位，如果告密文書是指出犯罪的人和事，便交給官員查辦，若告密的事屬實，武后會給予賞賜，縱使告密的事並非事實，也不對告密者加罪。

為了鼓勵告密，武后頒下一道奇怪的命令，全國各地任何官吏和百姓如果要告密，可以先告知各州縣政府，告密者只要向州縣衙門說：「我要向朝廷告密。」不必說明要告什麼密，州縣衙門也不可逼問告密人所要告的內容，但州縣衙門要為告密者提供交通工具，讓告密者去到洛陽。從本州縣出發到洛陽的一路上如有驛站，告密人可以夜宿驛站，驛站是唐朝政府在各交通要道上設立的招待所，專門招待中央和地方來往的官吏，由於唐代很少旅館，所以驛站是必要的，可以讓來往的官吏和馬匹歇息。現在，武后下令告密者可以拿著本州縣發的告密者身分證明就可以住進驛站，並且驛站還要供應五品官員等級的餐飲。

如此優渥的待遇，加上縱使誣告也不會獲罪，當然會引誘許多人心動，不管是真的事或是編造出來假的事，何妨都去告一密，反正可以享受一次免費的高級旅遊。如果這事發生在今天，保證洛陽會被來自全國的告密者擠爆，到洛陽的馬路一定完全堵塞，政府的財政會被告密者的旅費弄到破產。幸好唐代的情況和今天不同，第一，唐朝人民較為淳樸敦厚，道德觀念較強，人們比較不敢隨意做誣陷式的告密；第二，當時人們的家族觀念濃厚，人們做事常會想到對子孫後代有無影響，所以人們做了善事，就會被稱讚「積德之家必有餘慶」，這「餘慶」就是指子孫們的福氣，如果做了壞事，就會被罵「貽禍子孫」，於是人們做事不能只看自己本身是否有利，還要多想一想，做這事對子孫是好或是壞，如果隨意誣告，做傷天害理的事，自己雖然能得一點好處，但把禍留給子孫，這種事不能做；第三，唐代沒有大眾傳播媒體，沒有報紙、雜誌、廣播、電視，更沒有網路，唐代社會的訊息傳遞是靠口耳相傳，大眾傳播媒體不但會把訊息傳遞加快，而且會有「放大」的功效，原始的口耳相傳傳播的速度很慢，而且震撼力很弱；第四，古代的老百姓都很怕官，見了衙門就有恐懼感，告密不但要進州縣的衙門，還要進洛陽中央的衙門，那就更加有恐懼感了，中國人喜歡平安就是福，把自己投到恐懼的坑裡去，值不值得？真要三思而行。

由於上述四個因素，武后的鼓勵告密措施雖然引來全國許多的告密者，但還不致於形成前呼後擁、你推我擠，把洛陽街道弄得水洩不通的景象。

武后提倡的告密風氣，使全國的氣氛緊張起來，因為誰也不知道什麼時候有人會去告他，於是造成人心惶惶，人人自危，朝廷裡和社會上瀰漫著恐怖氣氛。

告密措施一公布，立刻就有人來告密，指設計告密銅匭的魚保家曾幫助徐敬業製造兵器，是徐敬業叛亂集團的一分子，武后下令徹查，果然屬實，於是將魚保家處死，這個幫助武后推動告密工作的人成了告密措施之下的最早受害者，這真像商鞅一樣，成了「作法自斃」的典型例子。

武后提倡告密，是想藉著告密來瞭解社會狀況和官員們有無違法失職，更重要的是要挖掘出那些隱藏在各個角落的反武分子。

告密者越來越多，身分複雜，所告的事和人牽連很廣，需要官員來審理，於是，武后任命了一批心狠手辣的人來負責審理眾多的告密案，在告密案中，武后最關心的當然是告有反對武后的案件，她要審理的官員嚴格追查，不可絲毫放過，這些審理告密案的官員便濫用權力，將案情有意擴大，以製造「業績」，討武后歡喜，當然就造成許多冤獄，許多無辜的受害者，這些審理官員就被人稱為「酷吏」。

根據《舊唐書．酷吏傳》的記載，武后時代的酷吏有二十多人，其中著名的酷吏有索元禮、來俊臣、周興、侯思止、王弘義等。

索元禮是武后第一個重用的酷吏，索元禮是胡人，徐敬業兵敗後，索元禮揣摸到武后想要消滅隱藏性敵人的心意，便上書告密，主張用嚴刑峻罰來打擊反對武后的人，武后覺得正合心意，便予召見，賞給索元禮游擊將軍的官職，專門負責審問洛陽附近的告密案件。索元禮性情殘忍，為人凶暴狠毒，每次審問，都用嚴刑逼供，不但要被告認罪，還要被告牽連別人，被告受不了嚴刑的折磨，只好胡亂信口誣陷他人，因此，每審訊一人，都會牽扯數十人或數百人，被索元禮冤枉陷害而被殺的人多達數千人。

來俊臣是酷吏中最有名、最可怕的人，來俊臣是長安人，父親來操是個賭徒，來操和同鄉蔡本的妻子私通，來操引誘蔡本賭博，蔡本輸給來操很多錢，還不出來，來操就逼蔡本用妻子來抵償賭債，於是蔡本的妻子就被來操接收，不久，生下了一個男孩，便是來俊臣。來俊臣生性兇狠陰險，從小最善於說謊騙人，到處使詐，壞事做盡，曾因為誣告別人，被和州刺史東平王李續識破，被責打。武后提倡告密，來俊臣大喜過望，告密是他最喜歡的事，可以報仇，可以害人利己，於是趕緊跑去告密，他向武后密告當年豫州、博州有謀反計畫他去告發，被東平王李續指為誣告，反將他責打，武后認為來俊臣忠心可嘉，賞賜來俊臣侍御史的官職，後來又升為御史中丞，掌管告密案件。

來俊臣陰險狠毒，每次審問囚犯，先把各種各樣的刑具陳列在堂前，給囚犯先看，囚犯見到那些可怕的刑具，無不魂飛膽喪，不論被誣告什麼罪名，不論來俊臣要他誣陷何人，囚犯也都照樣簽名認罪。武后見來俊臣審的案子囚犯都認罪，而且每個案子牽連的人數都很多，便認為來俊臣會辦事，常常給予賞賜。

於是在武后經常賞賜索元禮、來俊臣的示範下，其他的酷吏便紛紛效法，他們努力創造新的刑具，努力將案子不斷擴大，在酷吏心目中，誣陷的人越多，他們的「業績」越好，他們只求私利，道德和良心全都不存在，這些酷吏已經失去了人性，他們只是一群野獸。

這些酷吏仗著武后撐腰，任意將案情擴大，不僅一般老百姓無辜遭殃，政府官員不論小官或大官，隨時都可能遭酷吏逮捕下獄，甚至有些官吏在上朝的路上突然被逮捕，然後就音訊全無，家人急得像熱鍋上的螞蟻，過了幾天，全家人都被酷吏逮捕，從此永不回來了，沒有人知道這家人犯了什麼罪，親戚朋友都不敢去查問，因為深怕一查問就惹禍上身。

在洛陽地區是酷吏最活躍的地方，也是人心最不安的地方，許多中央官員每天清晨去上朝，都要和家人訣別，總要對家人說：「不知能不能再相見。」帶著永別的心情去上朝，這真是一個恐怖的世界。

十八、酷吏設計酷刑

武后推動恐怖政策，鼓勵告密，重用索元禮、來俊臣，於是許多沒有品德的小人紛紛效法索元禮、來俊臣。

有一個人叫侯思止，家境貧窮，做過賣餅的小販，也在富貴人家做過僕人，沒有固定工作，生活困苦，他很想擺脫貧困，他羨慕那些富貴之家的生活，可是他並沒有任何才幹可以使他實現夢想。有一天，侯思止接到一個在恆州做小吏的朋友來信，這個朋友說他被刺史裴貞用杖責打了一頓，受傷不輕，要侯思止替他報仇，信中還說裴貞和舒王李元名有勾結，密謀反叛朝廷。侯思止得到這封信大喜過望，現在朝廷不是在鼓勵告密嗎？索元禮、來俊臣不是由於告密而得到官職麼？告密實在是一個出頭的好辦法，何不藉這個朋友提供的消息，也去告密，或許可以升官發財。可是，侯思止根本不認識裴貞，對舒王李元名更是聽都沒聽過，侯思止獨自靜靜思考，他開始編造一個恆州刺史裴貞和舒王元名勾結謀反的故事，其實，侯思止完全不了解官場人物的關係，也不了解上層社會人際交往的態度，所以，侯思止所編的故事漏洞百出。侯思止利慾薰心，全不管良心，決定去告密。但侯思止不識字，便請人代寫一封告密信，投入銅匭中。

武后看到侯思止的告密大為高興，武后早就想找機會翦除李唐皇室的宗族，侯思止告舒王李元名正合武后的心意，立刻把這告密案交給酷吏周興查辦。

周興接到命令，即刻逮捕舒王李元名，在酷刑逼迫之下，李元名承受不了，只好照周興的指示，承認自己謀反，武后裁定廢去李元名的王號，流放到和州，李元名的兒子豫章王李亶則處死。

武后很滿意周興的辦案，又想起告密人有功，該給予獎賞，於是召見侯思止。

侯思止本是低賤之人，何曾到過皇宮，更不曾過見比皇帝還更有權威的太后，所以奉召入宮，心裡七上八下，相當恐懼，他怕武后如果問起告密案，他會說得漏洞百出，因為舒王李元名的謀反事件全是他編造出來的，他連李元名是怎樣的人都不知道，更哪裡知道怎麼謀反？

幸好武后見到侯思止，完全不問案情，只是誇獎了侯思止，武后說：「叛逆元名已經治罪，裴貞也全家族都處死了，這都是你的功勞，不可不賞，朕賞你游擊將軍之職，官居五品。」

侯思止跪在地上叩頭謝恩，內心的喜悅彷彿像飛上天的老鷹，想做官的夢真的實現了，從此可以脫離窮困，不再會被人看不起了。

侯思止不斷地磕頭，他慢慢發現武后坐在寶座上正在微笑，似乎在觀賞他一副鄉巴佬笨拙的樣子。侯思止這時膽子放大了，貪婪之火又燒起來，便對武后說：「小人告的案子是很重大的，陛下賞我游擊將軍，小人不知道這游擊將軍是做什麼事的，陛下的賞賜好像太少了一點，小人知道御史是可以管文武百官的，陛下可不可以賞給我一個御史的官職，小人可以為陛下看管文武百官。」

武后問侯思止道：「聽說你沒唸過書，不識字，可是御史的職掌有監察和檢舉文武百官之權，必須精通文史，了解律令，你連字都不認得，怎麼當御史呢？」

侯思止回答道：「陛下知道獬豸這種神獸吧，它雖然不識字，卻能分辨好人壞人，它會用頭上的角去觸撞邪惡的壞人。小人家境貧窮，從小沒唸過書，但小人對陛下是一片忠心，會像獬豸那樣，為陛下消滅邪惡的壞人。」

武后看出來侯思止是個貪得無厭、兇狠陰險的傢伙，她現在推動恐怖政策，正需要這類角色作為工具，於是，任命侯思止為侍御史。

一個不識字的人竟當了侍御史，這是歷史上從未曾有過的事，立刻成為政府官員們談論的話題，不知道這是武后聰明睿智的新突破，還是政治的悲哀！

接著，武后將一幢謀反者的住宅賜給侯思止，侯思止不肯接受，侯思止說：「小人在洛陽沒有房子，但寧可露宿，也不住叛逆人的房子。」

武后聽了十分高興，更加信任侯思止。

酷吏們為了創造更好的成績來討好武后，在暗中收養了幾百個流氓無賴，分布全國各地，當酷吏們揣摸到武后對某人不滿意時，便令各地的無賴同時對那人提出告密，所誣陷的罪狀都一樣，使被告有口難辯，武后也會認為那人罪證確鑿。來俊臣和酷吏萬國俊、朱南山等編寫了一部《告密羅織經》，告訴那些無賴門徒們如何網羅無辜，如何編織被告者謀反故事，如何把告密事件擴大，如何把被告者的罪名加重；在審問時，如何由一個被告牽連到千百人。這部《羅織經》實在是害人經，教人如何做壞事，如何誣陷害人，可見這些酷吏實是天良喪盡的魔鬼。

酷吏們為了逼迫被告認罪，「發明」了許多殘酷的刑具，最著名的刑具有十種，酷吏們給這十種刑具取名為：定百脈、喘不得、突地吼、著即承、失魂魄、實同反、反是實、死豬愁、求即死、求破家。這十種刑具的樣式已經失傳，但看刑具的名稱就可以猜想到那一定是極為殘忍的刑具。

除了這十種可怕的刑具之外，還有其他刑求的方法，像「鳳凰曬翅」，是把犯人綁在柱子上，雙手雙腳用繩子綁緊，向四個方向猛拉，讓犯人手腳關節都脫落；像「玉女登梯」，是將犯人綁在梯子上，用繩子將犯人頭髮束起來，將繩子向後拉，犯人只得不斷向後仰，最後是頭皮撕裂，頸骨折斷。還有一種刑求是在犯人頭上套上一個鐵環，然後把鐵環不斷束緊，讓犯人頭痛欲裂，雙眼突出。有時酷吏們除用刑之外，還採用疲勞審問法，日夜不斷審問，不准犯人睡覺；又常對犯人以醋灌鼻，或叫犯人跪在碎石之上，或在犯人身邊堆積糞便，或斷絕犯人的食物。

酷吏們對待犯人完全採取酷刑逼供，判犯人死刑，雖然要呈報武后批准才執行，武后對酷吏們呈報死刑的案子幾乎無不批准，但酷吏們常作威作福，未經武后批准便濫殺犯人，事後編個理由便可交待。舉丘神勣為例，丘神勣是當時有名的酷吏之一，垂拱四年（西元六八八年）博州刺史李冲叛變，起兵反武后，結果博州的官兵將李冲殺死，丘神勣帶兵來到博州，李冲已經被殺，博州的官員們穿上白色衣服，跪在城門外迎接丘神勣，向丘神勣報告：他們已將李冲殺了。丘神勣是個殺人不眨眼的傢伙，這次他奉武后之命領兵來博州平亂，這是一件大功，不料博州官兵已把李冲除掉，豈不是搶了他的功勞？一氣之下，吩咐部下將博州官員全部殺光，死了毫無反抗的數千人，讓博州的街道都染成紅色。丘神勣將李冲的頭割下，派人快馬送到洛陽，謊報自己敉平了博州之亂，博州城的叛徒數千人全都殺盡。

武后在洛陽皇宮的麗景門旁設置「推事院」，就是法庭，推事院裡有監獄，可以囚禁犯人，專令來俊臣在推事院審判告密案，凡在麗景門受來俊臣審判的人，幾乎都保不住性命，於是有人戲稱麗景門為「例竟門」，這是說凡入麗景門的人，例（照例）皆竟（完了、死亡）也。所以麗景門不是美麗風景的門，而是令人恐怖的鬼門。

酷吏們由於有武后的撐腰和縱容，氣勢凌人，誣陷罪名，任意逮捕，官員無不恐懼，不知何時會禍從天降。酷吏們越來越膽大，任何大官都敢加害。地官尚書（戶部尚書）狄仁傑也被誣告謀反，案子由來俊臣審問，來俊臣把可怕的刑具陳列出來，狄仁傑看到這些刑具，心想若不認罪，必然受到酷刑，熬不過酷刑將會冤死，不如先認罪，再設法申冤。於是，狄仁傑承認謀反。來俊臣沒想到狄仁傑如此爽快認罪，大為高興，按照來俊臣的規定，認罪者可免用刑，直接關進監獄，同時將判決送呈武后裁決後執行。

狄仁傑官居戶部尚書，地位崇高，平日深受文武官員和百姓們的尊敬，獄卒們對狄仁傑也有敬畏之心，現在狄仁傑既然已經認罪，遂不甚戒備。狄仁傑以計騙得筆墨，書寫嗚冤狀，密藏在換洗的衣服內交給家人，家人到皇宮呼冤，於是武后親自召見狄仁傑，武后問狄仁傑：「你既然是冤枉的，為什麼承認謀反呢？」狄仁傑回答道：「如果不承認，早就死在刑具上了。」武后說：「你謀反的自白書把謀反的經過寫得清清楚楚。」狄仁傑回答道：「臣沒有寫過什麼自白書，那一定是偽造的。」其實，武后心裡明白狄仁傑是冤枉的，便免去狄仁傑死刑，貶官為彭澤縣縣令，可見武后明顯在袒護酷吏，因為酷吏還具有利用的價值。

十九、聖母神皇

垂拱四年（西元六八八年）四月，武后在皇宮裡接見一個叫唐同泰的老百姓，因為唐同泰向武后呈獻一個石頭。

這塊石頭是白色的，表面光滑，晶瑩剔透，像是一顆大型的鵝卵石，石頭上刻著八個字：「聖母臨人，永昌帝業」，這八個字是用篆書寫的，筆法蒼勁有力，是用陰文（即文字凹進去）的方式刻出來的，凹進石頭的八個字是暗紅色，和潔白的石頭對比，紅白輝映，讓人有強烈的印象。

唐同泰向武后報告這塊白石頭的由來，他說：「不久前的一天，小人到洛水去遊玩，這是暮春時節，天氣晴朗，藍天白雲，遍地翠綠，風景十分優美。一個人獨自在洛水河邊漫步，到了傍晚，覺得有點疲倦，就靠在一棵垂柳樹下休息，想閉目養神，在矇矓中，忽然聽到一個奇怪的聲音，好像有東西在空中快速飛行，發出嘶嘶的響聲，接著『噗通』

一聲，小人趕緊睜開眼睛，看到一道紅光從天而降，這紅光直射到河上，激起了一團水花，在水花中，小人看到一個白色的物體，慢慢沉到水底，過了一會兒，水面平靜了。小人很好奇地站在河岸邊，心裡想這從天而降的東西到底是什麼？於是，脫了衣服，潛入河中，默想剛才那東西墜落的地點，游了過去，忽然，眼前一亮，在水底發現一個光芒四射的東西，小人伸手去摸，原來是一塊白色石頭，於是，拿上岸來，發現石頭上有八個字，小人略略識字，見這『聖母臨人，永昌帝業』八個字，似乎正是指太后而言，這是天意要陛下創立帝業的指示，所以小人特來把這天賜的吉祥呈獻給陛下，願陛下順應天意，讓全民蒙福，天下太平。」

聽了唐同泰的報告，武后心裡高興極了，她立刻將這塊石頭命名為「寶圖」，封唐同泰為游擊將軍。

其實，這塊石頭原是武后的侄兒武承嗣為了討好武后而造出來的，私下裡找到一個利嘴滑舌的唐同泰，要唐同泰去獻寶，唐同泰在武后面對報告他得到白石頭的經過，全是編造出來的鬼話。

這塊白石頭和唐同泰的鬼話正是武后所想要的東西，五月，武后下詔書宣布自己將在十二月親自拜洛水接受「寶圖」，舉行告天儀式，禮畢在新建完成的明堂接受群臣朝賀，命各州方刺史、都督和宗室、外戚都要在拜洛水之前十天齊集神都洛陽。接著，武后為自己加尊號為「聖母神皇」。

七月，武后大赦天下，將「寶圖」改稱「天授聖圖」，將洛水改稱「永昌洛水」，封洛水神為顯聖侯，禁止人民在洛水捕魚和垂釣。

從五月到七月，武后的一連串作為，明顯地表示武后的企圖，尤其「聖母神皇」的尊號，更赤裸裸地顯示武后即將正式成為「皇帝」。這種情勢讓唐朝宗室諸王深深感到不安，宗室諸王效忠的對象當然是大唐帝國，如果武后做了皇帝，天下成了武家的天下，宗室諸王的地位當然就消失了，所以他們必然擁護李家政權。正由於宗室諸王不會同意李家以外的人做皇帝，所以宗室諸王成了武后稱帝之路上的大障礙。武后重用酷吏來消滅政敵，其中最重要的一群政敵就是李唐帝國的宗室諸王。

唐高祖李淵有二十二個兒子，唐太宗李世民有十四個兒子，他們都封了王，而且在全國各地擔任地方長官，就是刺史或都督。在宗室諸王中，有不少是平庸無能之人，但也有幾個是有才能的，例如唐高祖的第十一個兒子韓王李元嘉好學，歡喜讀書，家中藏書萬卷；唐高祖的第十四個兒子霍王李元軌是個多才多藝的人，不但文才出眾，武藝也很高，曾經陪同唐太宗出去打獵，遇到一群野獸，唐太宗命李元軌射殺，李元軌拿起鐵弓，箭無虛發，射死很多野獸，唐太宗大為讚賞，李元軌關心國家政事，在唐太宗和唐高宗時，都曾上書諍諫，唐太宗曾問群臣，宗室子弟中誰賢能，魏徵立刻推舉李元軌，唐太宗完全認同，李元軌先後擔任過絳州刺史、徐州刺史，在做地方官時潛心讀書，謹慎小心，謙虛有禮，絕不濫用權勢；此外，唐太宗的第八個兒子越王李貞、第十個兒子紀王李慎也都精通文史，很得到人們的推崇。

宗室諸王是武后心目中的政敵，宗室諸王自己也知道，當武后重用酷吏，施行恐怖政策，宗室諸王人人都感到不安，因為隨時都會被酷吏誣告而陷入大禍，這種惶恐的心理當然讓宗室子弟想到如何自保，於是有人開始計畫反抗武后，保護李家政權。

垂拱四年（西元六八八年）七月，韓王李元嘉的兒子通州刺史李譔寫了一封信給越王李貞，信中說：「內人病漸重，恐須早療，若至今冬，恐成痼疾，宜早下手，仍速相報。」這信所用的是暗語，意思是說，我們的情況已經越來越嚴重了，如果不早點想對策，到了冬天，恐怕就不能挽救了，所以要及早行動，我們要趕快聯絡。李貞接到李譔的書信，很能心領神會，但並沒有積極的行動。

這時，由洛陽傳來消息，武后命宗室諸王到洛陽去，因為洛陽新建的明堂即將落成，要在明堂舉行祭祀先王的大典。李元嘉聽到這個訊息，就放風聲說，這是武后所設的圈套，準備在行祭祀典禮時，令人告密，將宗室諸王一網打盡。

這個風聲很快傳到所有宗室子弟耳裡，使宗室諸王十分驚恐，大家不知道這傳言是否真實，但以武后手段狠毒的事例來推論，那是極為可能發生的事，於是造成宗室諸王極端的焦慮不安。

李譔也得到這個訊息，他便偽造了一道唐睿宗的詔書，遣密使送到博州，交給瑯琊王李沖，李沖是越王李貞的兒子，當時擔任博州刺史。李沖好文學，善騎射，和李譔常有來往，關係密切，這道假詔書說：「朕被幽禁，王等宜各發兵相救。」李沖早就對武后存有反感，他也假造了一道唐睿宗的詔書說，太后欲傾覆李家社稷，將國家移到武氏手中。

李沖利用這兩道假詔書作為號召，命令博州長史蕭德琮等人召募士卒，準備起事。同時，又派人分別告知韓王李元嘉、魯王李靈夔、霍王李元軌、越王李貞、紀王李慎等，要他們各自起兵接應，共同進軍洛陽。

這時，李沖已在博州召募了五千多人，他認為既然已和諸王聯絡，只要自己首先發難，大家一定起來響應。於是李沖迫不及待地領著五千士兵渡過黃河，準備攻打濟州武水縣。

武水縣是個小城，縣令郭務悌眼見縣城裡兵力單薄，恐怕難以抵擋，便向鄰近的魏州求救，魏州莘縣縣令馬玄素親自領兵一千七百人進入武水縣，協助守城。

李冲的軍隊攻打武水，攻了幾次，都未能攻破，李冲想用火攻，結果也失敗。出兵第一仗攻打一個小小的武水縣都攻不破，幾天下來，讓李冲的軍隊士氣低落。李冲見情勢不妙，便想出一個策略，在軍中有一個軍官叫董玄寂，曾反對起兵，董玄寂對李說：「你和國家交戰，就是造反。」李冲認為董玄寂一定在打擊士氣，便在軍營中，當著全體官兵的面將董玄寂斬首。

李冲以為殺董玄寂可以殺一儆百，提振低落的士氣，不料，李冲的舉動使兵士們更加恐懼，兵士們想還沒殺敵人先把自己的將領殺了，這個領袖真是殘忍。李冲的軍隊是臨時召募來的，沒有經過訓練，沒有紀律，那天晚上，李冲在軍營的帳篷裡睡了，兵士們趁黑夜一個一個開溜了五千人只剩下幾十個家僮。李冲醒來，發現竟置身空營，只得帶著家僮回轉博州。

博州城留守的官兵已經知道李冲假造皇帝的詔書起來反叛朝廷的真相，見到李冲只帶幾十個人狼狽而回，顯然大勢已去，他們不願背負叛逆的罪名而送命，於是，開城門迎接李冲回來，然後乘其不備，將李冲殺死。

過了不久，酷吏丘神勣奉武后之命帶領軍隊來到博州，博州的官兵們身穿白衣跪在城門外，迎接丘神勣，報告丘神勣，叛逆李已被他們殺了，請求將功折罪。

丘神勣是個兇狠殘酷的人，他見李冲已經被殺，自己豈不是失去一次立功的機會，於是下令軍隊將博州所有的官員和軍人統統殺光，博州血流成河，慘不忍睹。丘神勣派人將李冲的人頭送往洛陽，宣稱大獲全勝，平定博州之亂。

二十、消滅宗室諸王

琅琊王李冲在博州起兵時，宗室諸王有的來不及準備，有的猶豫觀望，並沒有響應，只有越王李貞是李冲的父親，不能袖手旁觀，乃起兵響應。李貞私自養了家僮千餘人，戰馬數千匹，用家僮和戰馬就可以打仗。

李貞的第一個目標是攻打上蔡縣，當攻入上蔡縣時，接到李冲兵敗的消息，李貞驚嚇得不知所措。李貞覺得這戰場戰爭打得一點把握都沒有，自己憑著一千多個家僮要和朝廷大軍作戰，那真是以卵擊石，難以取勝，後果不堪設想，想來想去，覺得不如罷戰休兵，親自到洛陽去請罪，相信才是一條生路。

當李貞正準備去洛陽時，新蔡縣縣令傅延慶率領了兩千軍士前來投效李貞。當傅延慶看到李貞一副垂頭喪氣的樣子，正準備到洛陽向武后請罪，便對李貞說：「下官率兵前來，是想協助大王共圖大事，怎麼剛剛起兵就退縮了？」

李貞紅著臉，低頭說不出話來。

傅延慶繼續說：「大王意欲親到洛陽請罪，實在是糊塗得很，大王今天的行為已是叛逆的大罪，那武氏心狠手辣，對敵人從不留情，豈會赦免大王呢？何況瑯琊王已經被殺，大王能忘記這殺子之痛嗎？」

李貞很惶恐地問道：「依你之見，我該怎麼辦呢？」

傅延慶道：「如今之計，只有拚死一戰，此外別無生路。諸王都在看著大王的表現，如果大王高舉義旗，奮勇殺敵，諸王一定會紛紛響應，匡復社稷的大事必定成功。」

李貞聽了傅延慶的話，覺得有道理，決定繼續用武力去討伐武后。李貞一方面隱瞞住李冲被殺的消息，反而對外宣稱李冲連戰皆捷，不久就會攻到河南來；一方面重組自己的軍隊，李貞這時已有七千多人，他將兵馬分為五營，任命將領分別統領各營兵馬，又任命九品以上的官員五百餘人，儼然一副小朝廷的樣子。

不過，李貞的小朝廷有個大問題，那五百多個被任命的官員都不是心悅誠服地自願跟從李貞起事的人，他們只是住在蔡州，被李貞控制，不得不聽命，所以他們不會為李貞拚命，他們缺乏鬥志。此外，李貞是一個十分迷信的人，他找來許多和尚、道士，在軍中唸經，又發給每個士兵一個護身符咒，希望鬼神保佑他們打仗勝利。

李貞部署完成，前線快馬來報，洛陽朝廷已派了大將軍麴崇裕率領十萬大軍前來討伐，離蔡州城只有四十里。李貞趕緊命小兒子李規和女婿裴守德前去迎戰。李規和裴守德很快就被打敗，逃了回來。

李貞十分恐懼，下令把蔡州城門全部關閉起來。中央大軍把蔡州城團團圍住，城裡的人趁著黑夜，在城牆上垂下繩索，紛紛沿著繩索爬出城去，投降歸誠，城裡軍心渙散，人心惶惶。

李貞眼見大勢已去，便服毒自殺，家僮和士兵一哄而散，各自逃亡，李規把母親勒死，然後自殺，裴守德和妻子也雙雙自殺。

麴崇裕的軍隊輕易地就進了蔡州城，將李貞、李規父子和裴守德等人的頭割下來，送到洛陽去報捷。

瑯琊王李冲起兵七天就失敗，越王李貞起兵二十天失敗，這場代表李唐宗室反抗武后的戰爭像一根火柴，火柴點著了，沒有引起其他物件燃燒，火柴本身很快就燒完了，火也就熄了。

李冲和李貞迅速慘敗是有原因的：

第一、李冲和李貞在起事之前都沒有戰略的規畫，沒有作戰計畫，所以造成沒有目標亂打，這種沒有計畫的戰爭注定必然失敗。

第二、缺少軍事人才，李冲和李貞都是生活在錦衣玉食的環境中，他們本身不是能幹的軍事領袖，他們的部下又缺少精通謀略、勇敢善戰的將領，在戰場上無人能指揮、統御軍隊，於是，遇到敵軍，怎能不潰退！

第三、李冲和李貞招募來的軍隊都是烏合之眾，沒有訓練，缺乏紀律，士氣低落，這種軍隊一定不能作戰，遇到風吹草動，就會一哄而散。

第四、李冲在起事前要求分散各地的宗室諸王同一時間舉兵，然而諸王沒有響應，一方面是因為諸王絕大多數是平庸無能之人，舉兵反抗朝廷是極危險的事，平庸無能的人往往缺少冒險性，所以他們不敢響應，另一方面諸王手上並沒有強大的軍隊，他們自覺力量單薄，所以他們不能響應，李冲、李貞得不到諸王的支持，很快就力竭而終了。

第五、李冲、李貞的起事得不到民眾的支持，在武后專政時期，國內經濟繁榮，人民生活安定，雖然有酷吏橫行，但恐怖政治主要的受害對象是政府官員和有勢力的世家大族，一般老百姓還感受不到酷吏的威脅，大體上社會大眾對朝廷和武后並沒有什麼惡感。所以，當李冲、李貞起來反抗武后時，民眾不會熱情地擁護，更不願意加入反抗的行列，這不像明朝末年，經濟困窘、社會混亂、民生痛苦，李自成、張獻忠登高一呼，

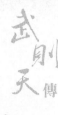

成千上萬的民眾紛紛加入。可見李沖、李貞起事之時，不是一個有利於武力反抗的環境。

李貞和李沖父子的亂事讓武后覺得這正好是一個剷除李唐宗室勢力的大好機會，於是武后令監察御史蘇珦查辦韓王、魯王等宗室諸王中的年長者是否和李貞、李沖通謀。蘇珦查案後向武后報告，韓王、魯王等沒有和李貞、李沖通謀的證據。

這時有人告密說蘇珦與諸王通謀，武后召蘇珦來詰問，蘇說：「陛下承先朝付託，應以仁恕為心，諸王的確未與叛逆李貞、李沖通謀，怎能把他們強行拉進逆案之中呢？」武后看看蘇珦一副忠誠、老實的模樣，真是一個書呆子，完全不能體會自己的心意，武后也不想為難這個書呆子，便微笑著說：「卿乃大雅之士，不適合來辦案子，朕給你換一個工作，你就不要再辦這案子了。」

於是，武后改派周興來查辦此案，周興是有名的酷吏，接辦此案，立刻大展身手，發動告密，偽造證據，盡量羅織，要將唐朝的宗室和與宗室有關連的人一網打盡。

在酷吏們舖天蓋地的羅織下，唐朝宗室幾乎全部遭殃，韓王李元嘉、魯王李靈夔、霍王李元軌（以上均唐高祖之子）、江都王李緒（李元軌之子）、黃國公李譔（李元嘉之子）、東莞公李融（唐高宗之孫）、濟州刺史薛顗（唐太宗女兒城陽公主之子）、常樂公主（唐高祖之女）全以謀逆罪名被殺或逼令自殺，他們的家人全都牽連獲罪，有的被殺，有的囚禁，有的流放到邊遠地區。唐高宗的弟弟紀王李慎是個膽小謹慎的人，李貞起兵前要李慎響應，李慎予以拒絕，但李慎也被酷吏誣陷，關入監牢，原要斬首，臨刑時獲武后赦免，囚入檻車，流放嶺南，半路上突然死了，死因不明。甚至武后的女兒太平公主的丈夫薛紹也遭毒手，薛紹的哥哥薛顗以參與謀反被殺，薛顗的兩個弟弟都被酷吏羅織，薛紹是武后的女婿，薛紹的榮華富貴是因武后而獲得，他反叛武后有什麼利益？所以指薛紹謀反是令人不可思議的事，可見酷吏們造偽證和陷害人的功力是極為高深的，不過，武后念薛紹是自己的女婿，特免薛紹死罪，改為責打一百棍，關大牢囚禁，酷吏們見薛紹未死，便斷絕薛紹的飲食，過了幾天，薛紹在監獄裡餓死了。

從李貞、李冲的反叛事件後兩年中，是武后藉酷吏之手對李唐宗室子孫大開殺戒的時候，唐高祖、唐太宗的子孫幾乎被殺光，只有少數幼弱者被流放到邊遠的蠻荒之地，唐高宗的兒子除了唐中宗、唐睿宗之外，幾乎都不能倖免，甚至連已故太子賢的兒子，也就是武后的孫子也慘遭毒手。

在中國歷史上，一個女人殺害夫家的親族如此眾多，如此慘忍，是絕無僅有的。武后獲得大勝，她踏著李唐皇族的屍體，一步一步走上皇帝的寶座。

二十一、狄仁傑的公正

當酷吏橫行之時，中央政府的三個司法機關（俗稱三法司，即刑部、大理寺、御史台）仍有幾個正直公正的官員，他們秉持法理、道德和良心辦案，不與酷吏同流合污，其中最有名的是徐有功、杜景儉、李日知、狄仁傑。

徐有功曾審判一件告密案，該案是酷吏的爪牙誣告，而且牽連數百人，徐有功仔細審查，發現被告者全是冤枉，被人編造犯罪經過，偽造證據，於是數百人得判無罪。有一次，在上朝時，徐有功為一件冤獄案件力爭，武后聲色俱厲地問徐有功，左右官員都害怕而心驚膽顫，徐有功卻神色不變，仍然據理力爭，武后知道徐有功是個正直的人，不但沒有計較徐有功違反旨意，而且對徐有功增加了尊敬愛惜之心。酷吏們把徐有功恨之入骨，因為徐有功常常破壞酷吏們的「好事」，於是，酷吏們三次發動爪牙們誣告徐有功，三次都被審問的酷吏判了死刑，徐有功得知被判死刑，一點也沒表現出憂慮的樣子，武后三次都下詔書赦免了徐有功，徐有功被赦免，也沒有露出高興的樣子，有人把徐有功這種不憂不喜的表現報告武后，武后感到非常佩服，命令徐有功官復原職，對徐有功又增加了幾分敬重。當時社會上流傳一句話：「遇來、侯必死，遇徐、杜必生。」意思是說，那些被誣告等人如果是由來俊臣、侯思止審問，必定被冤枉判死刑，如果是徐有功、杜景儉審問，必定洗刷冤屈得活命。

另外一個好官是李日知，李日知和胡元禮同在刑部，有一天，兩人為一件告密案發生爭執，胡元禮不是酷吏，但不是一個頭腦清楚的人，李日知則辦案仔細、講究證據的人，兩人為這案子爭執了很久，胡元禮說：「元禮不離刑曹，此囚終無生理！」李日知說：「日知不離刑曹，此囚終無死法。」兩人一直吵鬧到武后面前，武后知道李日知是個剛正的人，就裁示李日知獲勝。

狄仁傑也是當時有名的好官，狄仁傑字懷英，是山西太原人，博通經文，是個有學問的人，唐太宗貞觀年間，由於工部尚書閻立本的舉薦，授官并州都督府法曹，辦理審判司法案件，得到很多辦案經驗，唐高宗儀鳳年間（西元六七六至六七九年），擔任大理丞，大理是中央三個司法機關之一的大理寺，負責中央的司法案件審判。狄仁傑為人正直而且清明，辦案快速又不枉不縱，他有豐富的法律知識和辦案經驗，又有一顆忠恕仁愛的心，所以他在大理寺獲得很好的名聲。大理寺有許多堆積未審的案件，那些積案的被告都被關在監獄裡，有些冤枉的被告也同樣在監獄裡度過漫長的歲月，狄仁傑發揮了他勇於任事，認真負責，迅速辦案的精神，不眠不休，將大理寺成年累月積壓下來的案件一一審理完畢，那些被判無罪得以從黑牢裡釋放出來的人當然萬分感激，那些被判了刑的人也都口服心服，沒有一個人喊冤。

狄仁傑在大理寺辦了一件轟動朝野的案子，武衛大將軍權善才誤砍伐了唐太宗的墓園——昭陵上的柏樹，唐高宗大怒，下令將權善才斬首。狄仁傑認為權善才罪不至死，只能判免職，唐高宗很不高興狄仁傑的判決，便召了狄仁傑來，責問道：「權善才砍伐先帝陵墓上的柏樹，是使我不孝，必須立刻斬首。」

狄仁傑從容不迫地回答道：「臣聽說違逆人主，自古都是困難的事，但我卻不以為然。在暴君桀、紂的時候，敢於違抗人主旨意是很難的事，在明君堯、舜的時候，敢於違抗人主旨意則是很容易做到的事。臣感到幸運的是我現在侍奉的是堯、舜那樣的明君，因此不擔心像比干一樣因諍諫而被殺。陛下頒布的法律，流放和死罪都有明確的規定，怎樣能把一個沒有犯死罪行為的人處死呢？如果法律的規定都不可信，那麼天下人該遵循什麼呢？砍伐陵墓的樹木，在法律上明定不是死罪，如果陛下覺得砍伐陵墓樹木的行為要判死罪，請陛下修改法律，從今天開始施行。臣所以不敢奉命將權善才斬首，是恐怕陛下明明是有道的聖君卻因為這件事被後人誤指為無道的惡名，臣斗膽違背陛下的旨意，懇請陛下三思而行。」

狄仁傑的話語有兩個層次，先是捧皇帝，說皇帝聖明，再指出皇帝的錯誤，這種兩層式的論述，正是唐太宗貞觀年間群臣向唐太宗諍諫的模式，試看貞觀年間最歡喜諍諫的大臣魏徵，對唐太宗諍諫時也是採用先捧後諫的說法。其實，一個人如果用單刀直入的方式直接指出另一個人犯錯，那個被指責者會覺得自尊心或面子受損，為了維護自尊心或面子，常會堅決不認錯，先誇獎、再指正的方式給被指責者留了面子，致容易接受。果然，狄仁傑的一席話，唐高宗聽進去了，認為狄仁傑講的有道理，不再生氣，同意狄仁傑的判決，免除權善才的死罪。

不久，唐高宗拔擢狄仁傑為侍御史，狄仁傑的判案公正和膽識勇氣被朝野上下傳為美談。

越王李貞之亂平安後，武后任命狄仁傑為豫州刺史，去豫州調查李貞的餘黨。在狄仁傑到達豫州之前，宰相張光輔已奉命帶領兵馬到了豫州，並且在豫州逮捕了六、七百家，還準備將五千多人的財產沒收。當狄仁傑趕到豫州，發現張光輔濫捕無辜，便命人解除了那些被濫捕的人的枷鎖，並且立刻上奏章給武后，狄仁傑在奏章裡說：「現在豫州監獄裡關滿了人犯，臣經過審問調查，發現大多數是冤枉被濫捕的，請給他們赦免。臣的請求，好像是在幫囚犯求情，其實是為陛下打算，因為我如果緘默不語，讓這些人含冤而死，就會違背陛下體恤百姓的聖意，所以上表陳述，請求不要濫殺無辜。」

武后深知狄仁傑是公正無私的人，便下令豫州被捕的人全部免死，發配他們到邊疆去戍守。

這批死裡逃生的人經過寧州，發現狄仁傑曾擔任過寧州刺史，在寧州施行很多善政，離職時，寧州百姓為狄仁傑立了一塊德政碑，這些人見到德政碑，跪在碑前痛哭流涕，他們在德政碑前停留了三天，才繼續上路。到了邊疆戍守之地，他們也立了一座石碑，感謝狄仁傑救他們一命的恩德。

狄仁傑釋放囚犯的時候，宰相張光輔還在豫州，他的軍隊自恃是奉命來平亂的，軍士們自傲自大，盛氣凌人，軍紀很壞，經常向百姓強迫索取財物，百姓們不滿，向刺史狄仁傑報告，狄仁傑下令軍士們不得胡作非為。軍士們便向張光輔訴說狄仁傑的壞話，還加油添醋地說，狄仁傑看不起張光輔。

張光輔聽了軍士們的訴說，心中大怒，便找狄仁傑來，厲聲地責問：「我現在是統領大軍的元帥，你不過只是豫州刺史，你為什麼看輕我？」

狄仁傑不慌不忙地回答：「我並沒有看輕你。我是豫州刺史，我要為豫州百姓的生活著想，你率領十萬大軍來平李貞之亂，現在亂事已經平定了，罪魁禍首也死了，你和你的軍隊卻不停止殺戮，又到處擄掠百姓，勒索財物，無罪之人多遭殺害，豫州又面臨一場災難，這種情形，豈不是一個越王李貞死了，又生出一萬個越王李貞來嗎？你怎麼可以放縱部下，濫殺亂搶？這樣下去，會造成民怨沸騰，社會不安，我奉命來豫州是要為民除害，安撫百姓，我豈能眼看你的部下為非作歹而不管！」

狄仁傑的話義正詞嚴，張光輔無話可說，只能在心裡暗暗地記恨。

等張光輔回到洛陽後，向朝廷奏了一本，誣指狄仁傑違抗聖旨，專斷獨行。於是，朝廷下令將狄仁傑調離豫州，到比較偏遠的復州當刺史，以示懲罰。

二十二、武后的面首薛懷義

洛水這條河穿過洛陽城，從西南流向東北，把洛陽分隔了南北兩部分，洛水北岸又分為東西兩區，西區是皇城，就是皇宮和中央政府各機關的辦公處所，東區則是百姓和官吏們的住宅區，南岸全部是百姓的住宅區。

唐代的大都市中，商店是集中在一個區域中而不是每條街道都可以開店做生意，商店集中的區域稱為「市」。洛陽的東北區有一個市場，稱為「北市」，洛水南岸則有「南市」和「西市」。在市場中有各種商店，其中有些商店是外國人開的，這些外國人包括西域人、中亞細亞人、伊朗人和阿拉伯人。除了商店之外，市場裡有許多攤販，販賣各種各樣東西，從燒餅、藥材到珍寶都有。

在北市裡有一個賣藥材的攤販，名叫馮小寶，別以為名叫小寶一定是個弱小而可愛的小男生，這個馮小寶卻是一個體格健壯的大男人，他的肌肉結實，身材壯碩，很像是個運動員。有一天，馮小寶在市場上擺了攤子，這時來了一個穿著華麗、身後跟了好幾個丫環的貴婦人，這貴婦人來到攤子前，也不看貨物，卻盯住馮小寶仔細觀看，馮小寶心裡覺得奇怪，就上前問貴婦人說：「夫人想買什麼？請隨意挑選。」

貴婦人笑一笑，說道：「我不買東西，我想請你到我家來，我有話要問你。」

馮小寶不認識這貴婦人，也不知道貴婦人要問他什麼，看看這貴婦人的打扮和跟隨的丫環，一定是富貴人家，也許這貴婦人要買大批珍貴的藥材，可能要有一筆大生意，於是，趕緊收了攤子，跟隨貴婦人回去。

這貴婦人可真是大有來頭，她是千金公主。

千金公主是唐高祖的小女兒，唐太宗的同父異母妹妹，唐高宗的姑姑，是個很能見風轉舵、善於自保的人，她眼見武后權勢日盛，便藉機親近武后，她揣摸武后的心意，極盡巴結獻媚之能事，甚至請求做武后的女兒，於是，深得武后的歡心。終於，武后收千金公主為女兒，而且改姓武。在武后大殺李唐宗室之時，千金公主未曾被害，依舊過著富貴生活。千金公主嘴巴極甜，最會討好武后，武后很歡喜千金公主，兩人經常在一起談心事，感情好得比親母女還濃密。

千金公主把馮小寶帶回家，不是要向馮小寶買什麼東西，她是覺得馮小寶身體強壯，要馮小寶做她的男伴。這種大膽的行為，在別的時代是荒誕而不可思議的事，但是唐代的公主們似乎特別大膽而開放，很多公主都有情夫，她們驕縱而放肆，所以唐朝人多不願娶公主為妻。

有一天，千金公主到皇宮中和武后聊天，千金公主向武后推薦馮小寶，說馮小寶身強力壯，充滿了男人的魅力，讓馮小寶來服侍，一定會身心舒暢。武后聽了心動，要千金公主悄悄地把馮小寶帶進宮來。

馮小寶進了宮，武后對馮小寶的服侍十分滿意，於是，馮小寶成為武后的面首。所謂面首就是男寵、男妾的意思，當南北朝時代，宋前廢帝劉子業在位時，其妹山陰公主對他說：「你我是同胞兄妹，你的後宮妃嬪數以萬計，而我只有駙馬一人，為何如此不公平呢？」於是前廢帝劉子業找了三十個男人作為山陰公主的面首。這是「面首」一詞的由來，從此以後，凡是女子的男妾或情夫都稱之為面首。

馮小寶是個大男人，進出皇宮難免被人議論，縱使唐高宗去世已久，武后守寡獨居，而且權勢赫赫，但是養一個面首總不是光彩的事。不久，武后想到一個掩人耳目的辦法，那便是要馮小寶剃髮為僧，做一名假和尚，不過，為了要做得徹底，便下令將洛陽的一座佛教廟宇白馬寺重新修繕，命馮小寶去做白馬寺的住持，取一個法名叫

「懷義」。懷義白天在白馬寺唸經拜佛，晚上到皇宮陪伴太后睡覺。從此，懷義假借宮中要做佛教法會，便堂堂正正每天進宮去了。

武后覺得懷義出身卑賤，唐代是一個講究家世門第的時代，懷義的家族都是最低層的市井小民，完全沒有什麼家世門第的光環，武后為了要提高懷義的社會地位，便和女兒太平公主商量，讓懷義改姓薛，列入太平公主的丈夫薛紹的族譜中，算是薛家的一員，因為薛家在唐朝是有名的世家大族，受到社會的尊敬。於是，馮小寶變成了薛懷義。一般人對佛教的和尚稱為師父，所以，當時官員和百姓都叫薛懷義為「薛師」。

薛懷義沒有受過教育，由一個小攤販忽然變成太后最寵愛的男人，享受無比的榮華富貴，是個典型的暴發戶，小人得志，趾高氣揚，盛氣凌人，目空一切，表現出來是作威作福，自傲自大，任意欺人，橫行霸道。薛懷義每天騎著皇宮的馬，十幾名宦官跟隨在身後，出入皇宮，那種威風凜凜的架勢超過了宰相。

薛懷義在洛陽街上行走，手裡喜歡拿著一條皮鞭子，看到路人，便任意把皮鞭抽過去，也不管路人是被打傷或打死，他大笑著揚長而去，洛陽的官府不敢出面干涉，於是，百姓都懼怕薛懷義，遠遠看見那個和尚騎了馬過來，就趕快躲避，以免遭到無妄之災。

薛懷義最討厭道士，如果在路上遇到道士，立刻命跟隨身後的宦官把道士綁起來，當場把道士的頭髮剃光，以示羞辱。薛懷義在政府官員們的面前也一樣擺威風，官員們見到薛懷義都要躬身行禮，大家都知道這個和尚是小人，又是武后最寵愛的人，要是得罪這小人，這小人在武后面前捏造幾句壞話，自己豈不倒楣，所以大家都表面上對薛懷義表示恭敬，不要得罪這個和尚。

薛懷義號召了以前在市場認識的一批流氓無賴，要他們剃去頭髮，當了和尚，住在白馬寺內。這批和尚以薛懷義做靠山，為非作歹，幹了許多傷天害理的壞事，洛陽的百姓把這些和尚看得比老虎、毒蛇還更可怕，恨之入骨，卻是無可奈何。有個叫馮思勗的御史，有一天竟大著膽子把其中幾個和尚加以逮捕，薛懷義聽到消息，大發脾氣，帶領了幾個和尚，在路上等候馮思勗下班回家，和尚們一擁而上，將馮思勗打得奄奄一息，幾乎喪命，洛陽官府不敢查問，事情就不了了之。

中國人向來以做官為人生最光榮的事，薛懷義雖然得到武后的寵愛，又擔任白馬寺住持，威勢強盛，但總以沒有做官為遺憾，於是向武后求官，武后任命他為右衛大將軍，並令他率領大軍去攻打突厥，一個小攤販變成了大將軍，一個口唸「阿彌陀佛」的和尚手舞大刀去殺人，這真是一個多麼令人錯愕的場景。

不久，薛懷義又被封為鄂國公，和尚在紅塵中打滾，真是古今難見的奇事。

武后決定把洛陽皇宮中的乾元殿拆掉，改建明堂，明堂其實是一座更大更高的宮殿，建造的工程交給薛懷義負責，可見武后對薛懷義是極為信任的。

在明堂建造期間，一個御醫沈南璆成為武后的新寵，讓薛懷義醋勁大發，放了一把火，竟把興建中的明堂燒掉。

武后縱容薛懷義，並未追究燒燬明堂的責任，仍命薛懷義重新建造明堂。

薛懷義自覺不管做什麼錯事，武后都會包庇他，於是越來越霸道，連武后的侄兒武三思、武承嗣都畏懼薛懷義。武后也聽到許多人報告薛懷義的惡行，於是，決定除掉薛懷義。武后不能讓朝廷大臣來處置薛懷義，因為怕薛懷義受審時把在宮裡的醜行洩漏出去。武后找到女兒太平公主商量。

太平公主奉武后之命，精選了數十名身強力壯的宮女在身邊，略略加以訓練。有一天，薛懷義進宮，太平公主的奶媽率領這幾十個宮女將薛懷義殺了，另一個說法是武后命武修暨把薛懷義殺了，屍體運回白馬寺。武后下令把白馬寺的一批惡僧放逐到邊疆去。

二十三、假造的天意和佛意

垂拱四年（西元六八八年）十二月，武后率領了一支人數眾多的隊伍浩浩蕩蕩地前往洛水，隊伍裡有唐睿宗李旦、唐睿宗的太子李成器、文武百官、四夷酋長、宮女、衛隊，穿著各種顏色的衣服，隊伍中飄著各式各樣的旗幟，裝飾得五綵繽紛的車輛和馬匹，各種羽扇、團扇，夾雜著許多樂隊，吹奏著各式的樂器，這像在辦嘉年華會，洛陽的百姓，無論男女老少都跑來看熱鬧，把道路兩邊塞得水洩不通，這種場面實在難得見到，可說盛況空前。

在洛水岸邊，已經建好一座高大的祭壇，壇上設有神位，擺滿了肉食、水果、甜酒等祭品。武后在宮女簇擁之下登上祭壇，唐睿宗李旦和皇太子李成器也隨在武后身後上了祭壇，文武百官、四夷酋長和皇宮衛隊則肅立於壇下。

武后這次祭祀洛水之神是為了接受上天賜給的那塊刻有「聖母臨人，永昌帝業」八個字的白石頭，武后已為那塊白石取名為「天授聖圖」。其實，這塊石頭哪裡真的是上天所賜，乃是武后的侄兒武承嗣製作的，偷偷放到洛水河中，命唐同泰下水去取，獻給武后。武后根本不去研究這塊石頭的真或假，立刻宣稱這是天賜的吉祥物，武后是想藉這塊石頭來顯現上天對自己的肯定和保佑，古人都很迷信，看見上天都肯定武后的地位和權威，老百姓當然也要服從和尊敬武后。

祭祀洛水是向全國人民宣示：天意已歸屬武后，讓武后登上皇帝寶座的距離又近了一步。

除了祭祀洛水之外，洛陽皇宮內一座龐大的建築物同時落成，這座宏偉高大的建築物叫「明堂」，明堂是古代發布政令和祭祀天地的地方，唐太宗李世民和唐高宗李治都想興建明堂，曾有多次討論，但沒有付諸行動。

武后興建的明堂是三層樓的建築物，底層是正方形，每邊長約一百公尺，四邊漆成青、紅、白、黑四種顏色，代表春、夏、秋、冬四季，每邊有門有窗；第二層是正十二邊形，代表十二時辰，第二層頂部的屋檐是由九條紅色的龍圍成的；第三層是二十四個稜柱面，代表二十四節氣，第三層的屋頂是圓形的，屋頂中央有一個昂首獨立的鐵鳳凰，高約一丈，全身鍍了黃金，在陽光之下閃閃發光，這象徵著女皇君臨天下。整個明堂高達一百多公尺，在數十里外都可以望見，成為洛陽的新地標。

明堂內部裝飾富麗堂皇，牆壁柱子五彩繽紛，用珍珠、玉石、黃金鑲嵌其中，令人目眩，如此華美的建築物，令人嘆為觀止，武后將明堂命名為「萬象神宮」，在正式啟用之前，允許百姓前來參觀，這也是前所未有的措施，因為老百姓是不准進入皇宮的，明堂的地點原本是乾元殿，是群臣上朝晉見皇帝的地方，武后下令把乾元殿拆掉，改建明堂，所以，明堂（萬象神宮）在皇宮的前半部，武后准許百姓在一定期限內可以進入參觀，其用意是在向老百姓誇耀萬象神宮的偉大，藉以提升武后在全國人民心目中的崇高地位。

第二年是永昌元年（西元六八九年），正月初一，武后在萬象神宮舉行祭祀大典，萬象神宮正式啟用。武后穿著皇帝的服飾，首先獻祭，其次是皇帝唐睿宗李旦，最後是皇太子李成器。依照中國的傳統禮儀，皇帝是至高無上的，太后雖是皇帝的母親，但那是在「私」領域方面，皇帝是低於太后，然而在「公」領域方面，一國之君是皇帝而非太后，所以，中國古代祭祀大典中，必定是皇帝主祭，太后是不參與祭典的。現在，武后參加了祭典，而且成為主祭，皇帝退居次位，這在中國歷史上是未曾有過的事，不過，群臣們早就知道唐睿宗名為皇帝，實是傀儡，所以對於武后這種不合傳統禮儀習慣的事也就不加指責了。

獻祭完畢，武后宣布大赦天下，改年號為「永昌」，接著，武后在明堂接受群臣朝賀，並且大宴群臣。

永昌元年（西元六八九年）七月，有法明等十個和尚聯名向武后呈獻了一部《大雲經》，據說這《大雲經》是南北朝時一個天竺來的和尚翻譯的，其實這部佛經可能是偽造的。這部佛經中有部分講到女人做皇帝的事，《大雲經》說：有個天女，名叫淨光，下凡到人間，仍是菩薩，天女降生人間以女子之身出現，做一國之王，女皇君臨天下，摧毀並收服所有的邪魔，威震天下，天下的善男子都要來臣服，女皇來世要成佛。

《大雲經》的出現讓當時佛教界大感振奮，由於《大雲經》講的是類似預言，於是雲宣等九個和尚撰寫了一本《大雲經疏》，對這段天女下凡到人間為王的故事做了解釋。《大雲經疏》中明白指出下凡的天女淨光就是聖母神皇，佛祖要她下到凡間做皇帝，一統天下，當今百姓萬民都心向聖母神皇效忠，凡效忠者可以子孫昌隆，闔家安樂，如果背叛聖母神皇，縱使國家不予處罰，佛祖也不會縱容，必將敗亡。

從《大雲經疏》裡告訴人民：一、聖母神皇是天女降生，是菩薩的化身，二、聖母神皇是佛祖命定的皇帝，三、聖母神皇將來會成佛。

武后得到《大雲經》和《大雲經疏》，內心的喜悅真是難以形容，武后立刻賜給有功的和尚爵位。唐代是佛教盛行的時期，人民絕大多數都信佛教，《大雲經》顯示的意義是佛祖要武后做皇帝，而且武后本身就是菩薩，將來會成佛。

武后下令全國各州都要興建大雲寺，全國的寺廟都要收藏《大雲經》，各寺廟的和尚要向信徒宣講《大雲經》，讓全國信佛的百姓都相信武后就是菩薩，武后應該坐上皇帝寶座。

洛水的「天授聖圖」象徵天意，《大雲經》象徵佛意，天意加上佛意，這是何等強大的力量，全國人民誰能抗拒呢?武后的皇帝夢即將實現了。

永昌元年（西元六八九年），武后宣布將這年的十一月改為正月，改年號為載初，採用周朝的曆法，這是因為《周書》中有〈武成〉篇，「武成」二字可以解為武氏成功，於是武后把這個「武成」視為符讖，所以要仿效周朝。

鳳閣侍郎宗秦客曾經向武后建議改造文字，宗秦客改了十二個字，武后同意，後來又加了七個字，共改造了十九個字，這十九個字是：天、地、日、月、星、君、年、正、臣、照、授、人、聖、生、戴、初、證、載、國。都是常用的字，這些改的新字很怪，不合中國人造字的六書原則，譬如日字改為𡆠，月字改為囝，星字改為〇，人字改為𤯔，武后正式頒布這十九個字全國通用。武后為了鼓勵大家使用這十九個新造的字，還用其中的「曌」字作為自己的名字。

當武后在位的時候，這十九個新造字可能在社會上是流通使用的，因為在洛陽附近，考古學家們挖掘出來許多墓碑、墓誌。在武后時期死亡者的墓碑、墓誌上所刻的文字就有這十九個新造的字，但在武后死亡後，這些新造的字就不見使用了。所以，這些新造的字在中國文字發展史上其實沒有發生任何影響。

武后頒布這些新造字並不是想對中國文化作什麼改變，它的用意是政治性的，那就是暗示人民，時代在變了，一個新的局面將要出現了。

二十四、女皇登基

假造的天意加佛意，弄得全國沸沸騰騰，武后想登上皇帝寶座，取代李唐帝國，另建武氏帝國，乃是人盡皆知的事，只差最後一個台階而已。武后不是不想儘快踏上這最後一個台階，只是還要一點外力幫忙。

試看唐朝以前的歷史，一個政治強人奪取前一個王朝皇位的例子很多，像王莽奪取西漢的政權建立了新朝，曹丕奪取東漢的政權建立魏朝，司馬炎奪取了魏朝的政權建立晉朝等等，這些奪得皇位的人都使用一個共同的過程，那就是表面上不是去搶皇位，而是別人一再擁護，要把他推上皇位，他自己則再三謙讓，表示不肯坐上皇位，最後是前一個王朝的末代皇帝自己都表示願意讓位，於是他才表示不得不接受，「勉強」登上皇帝寶座，這就是所謂「禪讓」的把戲。人人都知道這把戲原本是假的，但從王莽作了這「偉大的發明」之後，一代一代的改朝換代都照樣上演著這個戲碼，為什麼呢？因為那搶奪皇位的政治強人不願意戴上搶奪的帽子，中國人認為謙虛推讓是美德，而搶奪掠取是惡行，政治強人要戴著美的帽子登上寶座，讓百姓認為他是有美德的仁君。

現在，武后正在等待這最後一幕「禪讓」的把戲上演。

天授元年（西元六九〇年）九月，這幕「禪讓」戲正式開鑼了，首先出場的人是侍御史傅遊藝，傅遊藝率領關中百姓九百多人到皇宮前，跪著呈獻一份奏章，這奏章文辭華美，對武后極盡恭維討好之能事，奏章說，當今太后乃千古一人，以前任何賢明的君主都不能與之相比，現在李唐帝國運勢已盡，請太后即皇帝位，改唐為周，賜皇帝唐睿宗姓武，請太后上應天意，下符民願，儘速登基，開創新的王朝帝業。

按照以前「禪讓」的把戲劇本，第一個登場的只是序曲，所以武后當然不會表示接受，但武后將傅遊藝升為給事中。

武后用升官來表示嘉獎，這個動作立刻引起朝臣們仿效，文武百官、皇室宗親紛紛上表勸進，連遠近百姓、四夷酋長、和尚、道士也都上表請武后登基，上表勸進多達六萬餘人。皇帝唐睿宗李旦眼見情勢演變至此，自己不能不表態，權衡利害，便也上表給武后，請求讓位，並請改姓武。

天意、佛意、民意加上皇帝唐睿宗自願之意，武后便欣然接受大家的擁戴，登上皇帝寶座。

九月十九日，武后在洛陽的明堂舉行登基大典，這天的清晨，文武官員、四夷酋長和代表全都排列在明堂前，明堂前還有身穿金色鐵甲的武士和樂隊、舞者，衣著五彩繽紛，陣容壯大。

武后身穿龍袍，頭戴皇冠，完全一副男性皇帝的打扮，在羽扇的屏障之下，登上皇帝御座。納言（門下省的長官，宰相之一）宣讀新皇帝即位詔書，宣布改唐為周，改年號為天授，接著獻上皇帝寶璽，這時，司儀高呼「拜賀」，各國酋長和代表穿著他們特殊的服飾上殿拜賀，然後是文武百官依官階高低循序上前拜賀。

女皇坐在御座上，紅光滿面，容光煥發，這位六十七歲的女人好像年輕了二十歲。她看著拜賀的隊伍魚貫通過面前，心裡真是既興奮又感慨，她十四歲單身進入皇宮，沒有父母親家族倚靠，只憑著她的聰明智慧和敏捷的反應，在皇宮中生活了五十多年，竟然由一個小妃嬪變成今天像唐高祖、唐太宗一樣的開創新帝國的皇帝，尤其是自己竟成為歷史上從未有過的女性皇帝，這個戲劇性的人生，令自己都很驚奇！

登基大典完畢，便大開筵席，請參加大典的外國酋長、代表和文武百官一起暢飲，整個洛陽皇宮都是喜氣洋洋，充滿歡樂。

接著女皇下詔書大赦天下，又為自己加尊號「聖神皇帝」，將唐睿宗李旦降為皇嗣，皇嗣就是太子的意思，並且改姓武，於是李旦成為武旦。又立武氏七廟於神都（洛陽改稱神都），追尊祖先們為皇帝、皇后，像女皇的父親武士彠便追尊為孝明高皇帝，號稱周太祖，這武氏七廟就是新建立的周朝宗廟，宗廟是皇帝的祖先牌位放置的地方，李唐帝國原來的宗廟被取消了宗廟的地位，改稱為享德廟。

除了追尊已死的祖先外，還活著的武家親屬當然也要分沾新王朝的恩澤，於是封侄兒武承嗣為魏王、武三思為梁王、武攸寧為建昌王，其他武家的族人都封為郡王，武家的姑姑和姊妹們都封為長公主，這真像中國人常說的：「一人得道，雞犬升天。」

聖神皇帝又將自己的家鄉文水縣改名為武興縣，武興二字表示武氏興隆的意思，並且武興縣的百姓永遠免去傜役。

剛即帝位的女皇並未忘記第一個帶頭上奏章請稱帝的傅遊藝，便提拔為鸞台侍郎平章事，鸞台侍郎是門下省的副長官，平章事是「同中書、門下平章事」的簡稱，平章就是商量處理的意思，同中書門下平章事就是和中書省、門下省的長官一起商量處理國家政事，所以平章事的頭銜就是宰相，宰相是三品官。唐朝制度規定，政府官員的官服有一定的顏色，一品至三品穿紫色，四品深紅色，五品淺紅色，六品深綠色，七品淺綠色，八品深青色，九品淺青色，傅遊藝一年之內連升了四次官，由青袍而綠袍、紅袍到紫袍，當時人稱之為「四時仕宦」。

女皇能夠篡唐稱帝，並非偶然之事，她的成功大致有下列幾個因素：

（一）武后久專政權，已建立威勢

武后稱帝是一種在和平安定局面下轉移政權，一如曹魏之篡漢，司馬氏之篡魏，這種和平轉移政權需要經過兩個步驟：一是久握中央政權，二是建立威勢。武后自永徽六年（西元六五五年）以皇后身分干政，麟德元年（西元六六四年）垂簾聽政，一切大權在握，至天授元年（西元六九〇年）篡唐，武后已專政二十七年，如從皇后干政算起，則更長達三十六年之久。同時，群臣稱皇帝和皇后為「二聖」，已將武后的地位抬到與皇帝平行，這是歷史上從未有過的事，當時臣民除了反叛者之外，沒有人不把武后視同皇帝，所以武后在篡唐之前已經建立威勢，在威勢籠罩之下，武后的稱帝便容易被臣民所接受。

（二）女權高張

唐代是中國歷史上女權較高的時期，這一方面是與胡化風氣有關，另一方面也是儒學衰微所造成。另外，武后利用佛教，偽造「大雲經」，大雲經中有女子稱帝的故事，灌輸臣民一個觀念：武后稱帝乃是佛的旨意。

（三）善於利用手段來控制臣民

武后極有政治手腕，善於利用各種手段以控制臣民，武后控制臣民的手段主要有三：

1. 利用酷吏以鎮壓人心，造成恐怖政治，使臣民不敢反抗。
2. 以濫賞官位來收買人心。武后開了許多做官的方便之門，除了科舉考試之外，還准許官員和百姓自我推舉，請求任官；又派十個存撫使到全國徵求人才，給予試任某官；又大量增加政府正式編制之外的「員外官」。這些濫賞官位是爭取人民向心的手段。
3. 選拔才能之士，以鞏固自己的權位。武后雖重用酷吏，卻也善於選拔有才能的人，給予重任。對正直的朝臣武后會給予相當的尊重，耿直的人只要不被她懷疑為謀反者，她就會從酷吏的陷害中特意保全。武后當政時的宰相如李昭德、魏元忠、杜景儉、婁師德、狄仁傑等都是才德兼備之人，他們被武后賞識提拔，他們也效忠武后，在才能之士擁護下，武后的權位才可以鞏固，成功地建立起大周帝國。

二十五、女皇心態在轉變

武后稱帝，那些擁護武后做皇帝的人當然得到好處，其中升官最快的人就是帶頭率領百姓九百多人上書的傅遊藝，一年之內四次升官，由九品升到了三品。但小人得志，難免得意忘形，在武后即位的第二年，有一天，傅遊藝和一個好友聊天，傅遊藝說：「我做了一個夢，夢見我登上湛露殿了。」這個好友竟把傅遊藝的話向女皇告密，女皇認為傅遊藝有非份之想，下令逮捕傅遊藝，傅遊藝入獄不久，就在獄中自殺了。傅遊藝是大周帝國的開國功臣，這麼快就面臨「走狗烹」的命運，可見女皇是一個不感恩的人。

武后即位後仍重用酷吏，只是酷吏們誣陷的對象有點改變，在武后稱帝之前，酷吏們誣陷的對象以唐朝宗室為主，武后稱帝時，唐朝的宗室幾乎都已消滅，所以武后稱帝以後，酷吏們誣陷的對象以文武百官為主。

天授二年（西元六九一年）發生了「三十六名家」案，箕州刺史劉思禮請術士張憬藏給他算命看相，張憬藏揣摸到劉思禮心懷大志，便說：「你命相高貴，將來一定位至太師。」太師是三公之一，是中央政府最高階的一品官，劉思禮心中大喜，暗想：太師之位必然是皇帝恩賜，如果能擁立一個皇帝，自己做了開國功臣，就可以坐上太師寶座了。於是劉思禮秘密和洛州的錄事參軍綦連耀聯絡，共謀大事，他們以給人算命看相為幌子，暗地聯絡許多人，並向他們保證，將來綦連耀奪得皇位後，會給他們加官封爵。

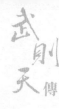

不久，劉思禮的密謀外洩，酷吏來俊臣向女皇報告，女皇令她的侄兒河內王武懿宗查辦。武懿宗將劉思禮逮捕下獄，劉思禮是個膽小怕死的人，立刻供出了幾個共謀者，武懿宗將劉思禮放出監獄，告訴劉思禮說：「你盡量供出同謀，你供出的人越多，你越安全，可以將功折罪。」劉思禮信以為真，便胡亂拉扯，把他認識的許多有名望的大官和士人都指為同謀，其中還有宰相和大臣，共三十六家，都是知名之士，這三十六家被滅族，親戚朋友被放逐到邊遠地區的有一千多人，這是武后即位後牽連較廣的一件大案子。

酷吏是武后鎮壓反叛者的有力工具，武后稱帝而不致有大規模叛亂，便是臣民置身於酷吏造成的恐怖氣氛中，終日戰戰兢兢，尋求自保，怎有餘力從事結黨反抗。

不過，如果恐怖政策過分或者時間過長，人們感覺到自保的可能性完全消失時，則必然鋌而走險，死裡求生，反叛就會成為燎原的野火，越燒越大，越燒越廣，難以撲滅。所以，恐怖政策要適度，使人們畏懼卻不致毫無生機，而且恐怖政策施行時間不能過長，以免人民不能長期忍受而群起抗暴。當武后即皇位的那年，右台御史周矩曾上書給武后，向武后諍諫告密和酷吏之為害，周矩說：「近年來告密的風氣盛行，奸惡之人便以告密為常事，負責審理告密的官吏為求功效，總想將被告者定罪，凡是被告者先設定他已犯罪，於是想盡辦法，迫他編造許多同謀者，然後用各種酷刑，譬如將被告鎖在囚籠裡，只露頭在外，譬如將被告手臂拉斷，在指甲中插牙籤，譬如將被告頭髮紮起來，高掛在屋樑上，譬如用煙不斷熏眼睛，這些酷刑，稱為『獄特』。又譬如白天不給被告飲食，夜晚不准被告睡覺，被告如想睡覺，就不斷推拉搖動他，讓他日夜不能睡覺，這稱為『宿囚』。在酷刑的逼供之下，一個人如果怕死，什麼事情都會承認。這些官吏令朝臣們感到極大的威脅，有些人上午上朝，陛下還和他有親切的談話，到了晚上就被那些官吏誣陷逮捕，永遠不能回家了，這使人懷疑陛下上午把他看成親信之人，晚上陛下卻把他看成仇人，這是什麼回事呢？從歷史來觀察，周朝用仁而昌盛，秦朝用刑罰而滅亡，請陛下深思。」

周矩所說酷吏之酷刑和冤獄，武后豈有不知之理，武后只是故意放縱那些走狗去猛咬她的敵人，可是當武后登上皇帝寶座，建立了一個新朝代，她覺得潛在的敵人都已經消滅，她知道該是停止告密，結束恐怖政策的時候了。

舉兩個案例就知道女皇想要結束告密和恐怖政策。

長壽元年（西元六九二年）五月，就是女皇即位後第三年，女皇下令全國禁止屠殺牲畜和捕撈魚蝦。女皇的命令頒下不久，右拾遺張德的妻子生了一個兒子，張德高興的不得了，覺得該慶賀一下，就私自宰了一隻羊，宴請親朋好友。在被邀的客人中有一個補闕杜肅，補闕和拾遺都是門下省的官員，所以杜肅和張德是在同一個機關任職，杜肅吃完了宴席，回家後就寫了一個奏章，向女皇告密，稱張德違反皇帝的禁令，私自宰殺，應處重刑。第二天，女皇將張德召入宮中。

「聽說卿得一子，可喜可賀。」女皇說。

張德聽了心中一驚，女皇為什麼曉得我得了兒子？情報真是靈通。趕快跪下拜謝。

女皇接著問道：「你為何私自殺羊，違反禁令？」

張德聽到女皇的問話，嚇得在地上磕頭不已，請求女皇恕罪。

不料，女皇並沒發脾氣，反而用溫和的語氣說：「卿不要驚恐，喜獲麟兒本是人生的樂事，慶賀一番也是人之常情，朕禁止屠宰的命令是一般性，有吉凶事可以不受這禁令限制。不過，朕要提醒你，以後再請客人可要看清楚對象，莫把好酒好菜餵了冤家。」

女皇說完，把桌上杜肅的告密奏章丟到地上，張德把這份奏章拾起來。女皇說：「這是你邀請的客人寫的，你拿去慢慢看吧！」

張德又不斷叩頭謝恩，高呼萬歲。

張德回到家中，大罵杜肅。這消息很快在朝廷官員中傳開，大家對杜肅吃得滿嘴油而後去告密的行為紛紛指責，同時也發現到女皇似乎開始不歡喜告密的事了。

第二個案例發生在張德案的第二年，潤州刺史竇孝諶的妻子龐氏被家奴告密，說龐氏謀反。女皇命給事中薛季昶查辦，薛季昶將龐氏定為死罪，刑部郎中徐有功認為龐氏是被誣告，應判無罪，薛季昶反咬徐有功袒護逆黨，請三法司論罪，徐有功竟被判絞刑。刑部一個小吏把這判決結果告訴徐有功，徐有功嘆口氣說：「難道就只有我一個人要死，別人就永遠不死嗎？」說完，從從容容地吃了飯，拿一把扇子遮住臉，躺在辦公室的椅子上睡了。

刑部的官吏看到徐有功的行為，以為徐有功強作鎮定，就悄悄走到徐有功身邊，發現徐有功真的睡著了。

一個人被判死刑，卻還能很快安然入睡，這豈不是怪事。於是，有多嘴多舌之人立刻去報告女皇，女皇也覺得奇怪，立刻召見徐有功。

女皇問徐有功道：「你平時辦案，錯放的人不少，你說說看，你該當何罪。」徐有功正氣凜然地答道：「臣錯放了有罪之人，不過是人臣的小過，好生惡殺，才是聖人的大德啊！」

女皇聽了，沉思良久，才緩緩地說：「卿說的有道理，錯放就錯放吧！龐氏的判決就照卿的意思，免了龐氏的刑責，當然，卿的絞刑也免了。」

從張德和徐有功兩件案例來看，女皇似乎對告密和酷吏都有厭惡的感覺。

有一天，女皇命令監察御史嚴善思去清查一下所有的告密案件，有多少是真實的，有多少是誣陷的。

嚴善思為人公正剛直，敢於說真話。他接到女皇的命令，立刻對以前的告密案中牽連人數較多的案件進行逐一清查，清查的結果發現八百五十多件是誣告的案件，這個清查報告讓女皇有些心驚。

嚴善思的清查報告揭破了告密虛假的面具，因為許多告密案根本就是酷吏們製造出

二十五、女皇心態在轉變

來的，所以，酷吏們對嚴善思萬分痛恨，於是使用他們的老方法，命爪牙在全國各地同時誣告嚴善思，案子由酷吏審判，判嚴善思流刑，就是放逐到邊遠地區去。女皇知道嚴善思是被酷吏們誣告的，不久，便下令召回嚴善思，仍舊在御史台任官。

女皇的心態在慢慢轉變，她漸漸厭倦了告密的把戲和酷吏兇狠的演出。

二十六、走狗的危機

恐怖政策之下，酷吏橫行，人們會覺得一片黑暗，如果四周全是黑暗，沒有一點光亮，會使人失去希望，會努力想逃出黑暗，打破存在的現實環境，於是造反或革命的事件就會發生。女皇是有政治權謀的人，當然瞭解恐懼與絕望是社會反動的種子，於是在黑暗中要點起幾盞油燈，讓人們看得到希望，就不會走上絕路，這幾盞油燈就是公平正直的官員，尤其在三法司中的司法官員一定有幾位是堅持公理、守法愛民的官員，像徐有功、狄仁傑、李昭德、魏元忠等，都是秉公判案，敢於對抗酷吏的官員，女皇心知肚明，這幾位正直的司法官員是百姓心中的明燈，不可以讓明燈熄滅，所以女皇會在暗中保護他們，雖然他們也會受到酷吏傷害，但女皇會保住他們的性命。譬如徐有功曾三次受到酷吏們誣陷，被流放到邊遠地方，但不久就被女皇召回，仍在三法司任官。

有一次，徐有功被酷吏周興誣告，說徐有功故意放掉謀反的人，其罪當死。女皇聽信了周興的話，但免去死罪，把徐有功流放到邊疆去。不久，女皇下令召回徐有功，任命徐有功做侍御史。徐有功回到洛陽，進宮叩謝女皇，徐有功對女皇說：「鹿在山林中每天無拘無束地奔跑，可是牠的肉卻常被掛在廚房裡，成為碗中的佳肴，這是什麼緣故呢？這是因為有人喜歡吃鹿肉，所以獵人就會到山林裡去殺鹿。現在陛下任命臣為三法司的官員，臣一定秉公執行國家的法律，一定會有許多徇私枉法的人來陷害我，他們就像殺鹿的獵人，不達目的絕不停止，陛下讓臣任御史，臣就成為他們心目中的鹿，所以陛下好意要任用臣，卻是要了臣的命啊！」

女皇聽了徐有功的話，心中甚為感動，她要保護那些山林中善良的動物，她該好好約束那些獵人了。

讓女皇決心要消除酷吏，恐怕是安金藏案。長壽二年（西元六九三年）有人告密，說皇嗣（就是已退位的唐睿宗李旦）有異謀，這是個不合理的誣告，因為唐睿宗在位的時候，把政治大權全部讓給母親武后，自己做了虛位的傀儡皇帝，最後，自己請求讓位給武后，而且自己捨棄了父姓，跟隨母親姓武，如此孝順的兒子怎麼會有異謀？異謀就是反叛，以李旦的性格和以前的作為，李旦根本不是一個反叛的人，他如果要反抗母親，早就該在自己還保有皇帝身分之時反抗了，現在，母親成了名實俱全的皇帝，自己只是一個毫無權力的皇嗣，怎有能力搞叛逆之事？

然而，女皇是個多疑的人，便將這件告密案交給酷吏來俊臣審理。來俊臣奉命，當然不敢直接逮捕皇嗣武旦，但把皇嗣身邊的人抓到監獄中，用了許多酷刑，他們熬不過痛苦，就想胡亂承認算了，其中有一個工人名叫安金藏對來俊臣大聲喚著說：「我說皇嗣沒有謀反，大人就是不信，我願剖心來證明皇嗣不反。」說著，就拔出一把藏在身上的刀對著自己的胸和腹部刺下去，立刻鮮血直流，五臟也流了出來，安金藏仰臥在地。

這時有個快嘴快舌的宦官在場，眼見這血淋淋的景象，趕快拔腿飛奔進宮，向女皇報告。

女皇即刻命令將安金藏抬進宮來，緊急傳召御醫，為安金藏作醫治，御醫將安金藏的內臟放了回去，再用桑皮線將胸部、腹部的傷口縫合，塗上止血消炎的藥。

第二天，安金藏醒過來，奇蹟般保住了性命。女皇聽說安金藏醒了，親自來到安金藏的床邊，用感激的語氣說：「朕有兒子卻不能明白兒子的心意作為，真是不如你的忠心耿耿啊！」

於是，女皇命令來俊臣停止審理皇嗣謀逆案，使謙讓又老實的皇嗣武旦得免於難。

重用酷吏是女皇打擊政敵的一種工具，當女皇登上皇帝寶座之後，漸漸地感覺到政敵都已消滅，那麼打擊政敵的工具就可以收起來了。西漢初年，開國功臣韓信被殺，臨死之前，韓信很感慨地說：「高鳥盡，良弓藏；狡兔死，走狗烹；敵國破，謀臣亡。今天下已定，我固當烹。」韓信的話成為後代開國功臣的共同心聲。

大周帝國的開國功臣主要就是酷吏，女皇登基，這時「天下已定」，那些作為良弓、走狗、謀臣的酷吏就失去了存在的價值，其結果就是被「烹殺」了。

酷吏周興是個工於心計又殘忍好殺的人，被他陷害的人多達數千。周興常常挾私怨而誣害仇人，譬如在唐高宗時，周興任洛陽縣令，自認為被宰相魏玄同攔阻了升遷，便懷恨在心，想要報復。等到武后掌權，周興被武后重用，周興便有機會報復了。有一天，周興向武后告密，說宰相魏玄同是裴炎的好朋友，裴炎被殺，魏玄同也想和裴炎一樣，進行謀反叛逆，並且魏玄同曾對朋友說：太后老了，不如把政權交還給皇帝。武后聽信了周興的話，下令將魏玄同賜死。其實，魏玄同根本沒有謀反，周興向武后所告的全是偽造的謊言，周興的目的是要報私仇，害死別人，他毫不在意。

黑齒常之是唐高宗在位時的名將，在西北邊疆屢次打敗吐蕃、突厥，建立許多戰功，唐高宗極為讚賞，黑齒常之是百濟人，效忠唐朝，黑齒常之很能帶兵，平日和部屬頗為親密，皇帝有賞賜時，他會把賞賜分給部下，自己卻不保留，所以深得部屬愛戴。在武后稱帝的前一年，周興誣告黑齒常之和幾個將軍謀反，黑齒常之被捕入獄，在酷吏們審判下，黑齒常之被處絞刑。黑齒常之的死訊傳到軍中，將士們無不放聲大哭，高呼：「冤枉！」但赤膽忠心的鐵漢也敵不過手握毒刀的酷吏。

在女皇登基後的第二年，御史中丞李嗣真向女皇上了一道奏章，歷數酷吏之罪，請求女皇禁止酷吏濫刑。李嗣真的奏章說：「現在告密紛紜，虛多實少，恐怕有陰險狠毒之徒離間陛下君臣。古時審判司法案件都是逐級呈報，重大的案件都會讓公卿一同來表示意見，君王會要求三次重審，最後才判決執行。可是現在的情形和傳統制度不同，一個九品的小官奉了陛下的命令便在監獄中審案，自己推斷，自己一個人判決，有時臨時決定，立刻執行，也不呈報陛下。這樣將生殺大權輕易地交給臣下，絕非審慎的辦法，如果有冤案和濫刑，陛下怎麼知道呢？何況以區區九品小官就可以獨斷獨行，判案既不經過刑部，也不要經過門下省覆審，完全不合司法程序。國家大法這樣輕易地交在少數低級官吏手裡，社會上到處是呼冤之聲，臣擔心下去會造成國家的禍患。」

李嗣真的奏章說出了當時大多數朝廷官員們的心聲，也讓女皇感到應該是宰掉「走狗」的時候了。

有一天，酷吏來俊臣接到女皇一道密旨，說有人告周興謀反，要來俊臣查辦。

來俊臣和周興是同路人，臭味相投，都是心狠手辣、殺人不眨眼的傢伙。來俊臣心想，周興怎麼會謀反？但女皇密旨交辦，這表示女皇對周興起了疑心，自己雖然和周興是好朋友，但那是一起害人、一起喝酒的好朋友，知人知面不知心，周興這人鬼主意極多，他心裡搗什麼鬼，別人哪裡知道，現在，女皇既然下令要辦他，就不必為他辯護了，照女皇的意思，讓周興認罪，自己也可以向女皇交差。

於是來俊臣決定用陷害別人的老方法來對付好朋友。

二十七、請君入甕

酷吏來俊臣奉女皇之命要審理周興，來俊臣在家裡擺了宴席，邀請周興前來。周興和來俊臣常在一起吃吃喝喝，一起談如何陷害別人，周興對於來俊臣請客喝酒並不感到奇怪，對於來俊臣今日請帖只請他一人也沒有感到訝異，因為以前也有過，他們兩人是酷吏中最厲害的角色，臭味相投，所以在一起談得很開心，他們彼此都認對方是好朋友。

兩人喝了很多酒，聊得很愉快。來俊臣忽然對周興說：「近來審問犯人很不順利，犯人總是不肯認罪，你有什麼辦法？」

周興馬上回答道：「你老兄用的那些刑具多厲害啊！哪個犯人熬得住而不認罪的？」

來俊臣說：「不錯，那些刑具確實夠厲害的，許多犯人看到那些刑具就魂飛魄散，乖乖認罪，要他們說什麼，他們就說什麼。但是，也有些死硬骨頭的傢伙，我用了許多刑具，他就是不肯招認。你難道沒有碰到過嗎？」

周興點點頭道：「的確有的，那種犯人太可怕了。」

周興說著，眼前浮現出一幅幅受酷刑凌虐的犯人痛苦的影子，有些犯人在受刑後死了，臨死前總會睜著大眼，痛苦地咒罵：「我變鬼也要來報仇。」周興被這場景也感到心驚肉跳。周興從來殺人不眨眼，犯人死了，就像殺了一隻雞一樣，完全不在意。但是，這些臨死的犯人最後的毒誓是要變鬼來殺自己，心裡難免有些害怕，所以，晚上常會做惡夢，夢見一些可怕的鬼怪要來捏自己的脖子。後來有人教他在房間裡多擺幾個佛像，天天燒香，就可以驅鬼，他照做了，把每個房間、客廳都放了好多佛像，他坐在佛像旁邊，睡在佛像旁邊，心裡就覺得安穩，他要菩薩保佑他，讓那些冤死的鬼魂別來找他。

周興想到這裡，搖一搖頭，讓頭腦清醒一下，把思路拉回現場，對來俊臣說：「哎呀！你老兄的辦法很多，了不起你就把他幹掉，隨便替他寫一張招供書，然後說他畏罪自殺，那不就好了嗎？」

來俊臣搖搖頭說：「不行，這個犯人不能隨便幹掉，老兄，你常有新點子，趕快幫我想個辦法吧！」

周興站起身來，在桌邊轉了一圈，歪著頭想，不久，周興一拍手道：「有了，我想到一個妙法，可以讓那犯人開口認罪。」

來俊臣也站了起來，急忙問道：「是什麼妙法？」

周興回到桌前坐下，拿起桌上一個酒壺，又拿了幾根筷子，放在酒壺壺底下，然後說：「這酒壺好比一個大甕，這筷子好比一堆木柴，先把木柴燒起來，讓大甕慢慢燒熱。」說著，周興就從碗裡挾了一塊紅燒肉，丟進酒壺裡，繼續說：「然後把犯人放進大甕裡，這大甕越燒越熱，犯人在裡面哪受得了，怎能不開口認罪。」

來俊臣聽完，拍手大笑，對周興說：「好！好！老兄真是天才，怎麼會想到如此妙法。」

於是，來俊臣立刻命人抬來一個大甕，在院裡燒起木柴，將大甕放在木柴上。

周興看到來俊臣馬上就採用自己的新創意，心裡有些得意，就問來俊臣說：「我們又不是在監獄裡審問犯人嗎？你為什麼在家裡把甕燒熱起來？」

來俊臣露出一絲神秘的微笑，說道：「今天我在家裡辦案子，也是可以的。」

周興好奇地問：「難道老兄家裡有牢房，關了犯人麼？犯人在哪裡？」

來俊臣說：「遠在天邊，近在眼前。」

「哦？」周興遲疑地說：「沒有人呀！」

來俊臣拉著周興的手，走到熱烘烘的大甕前，對周興說：「不瞞老兄，我剛才接到皇上的密旨，有人告你謀反，皇上要我來處置你，現在，請君入甕吧！」

周興一聽，呆若木雞，過了一會兒，才結結巴巴地說：「老兄，你別拿我開玩笑了，咱們還是喝酒吧！」

來俊臣臉一沉，從懷裡取出了女皇的聖旨，嚴肅地說：「誰和你開玩笑，聖旨在此，豈是兒戲！」

周興一看聖旨，有如雷擊，兩腳一軟，就跪了下去，哀求著說：「請兄幫忙，我哪裡會謀反，請兄為我向皇上陳情，讓皇上知道我是被誣告的。」

來俊臣說：「你也不是沒有接過皇上的密旨，你敢違抗皇上的旨意嗎？皇上說要處置某個人，你接到密旨以後該怎麼辦？你自己最清楚。現在皇上要我處置你，所以，請君入甕吧！」

周興伏在地上發抖，說：「我不要入甕，我認罪。」

於是，來俊臣很快地就取得周興的招供書，便上奏章給女皇，周興謀反，依例是死罪。

女皇看到來俊臣的報告，覺得周興這個走狗也曾為她咬過許多敵人，對自己是有功的，便免了周興的死罪，改判把周興流放到邊遠的嶺南地區去。

天授二年（西元六九一年），周興被押解到嶺南去，走到半路，被仇人攔截，周興就被殺了。

周興之死，並沒有讓來俊臣產生唇亡齒寒的警惕，反而讓來俊臣得意洋洋，認為除去了一個競爭的對手，自己會得到女皇更多的寵信，所以，來俊臣更加努力來迫害臣民，以討好女皇。

長壽元年（西元六九二年），來俊臣以謀反罪陷害宰相狄仁傑、御史中丞魏元忠等七位大臣，要判他們死罪，結果，女皇下了免除這七位大臣死罪的詔書，只把他們貶到地方去做小官。這是一件大案子，女皇也知道這七位大臣是冤枉的，免去他們的死罪已經透露出女皇對來俊臣的信任度在降低。

在七大臣案中還有一個小插曲，七位被誣陷的大臣中有一個叫崔宣禮，崔宣禮有個外甥，叫霍獻可，擔任殿中侍御史的官職，他以為女皇會像以往一樣，聽從來俊臣的判決，沒想到這次女皇不照來俊臣的意思處死七大臣，只是貶官而已，霍獻可就向女皇請求殺掉崔宣禮，女皇不同意，霍獻可用頭撞大殿上的台階，額頭都撞出了血。霍獻可的用意是想向女皇表達效忠，自己大義滅親，不料，女皇根本不理會霍獻可，霍獻可不是真的想撞死，見女皇不加理睬，只得默默地退下去，第二天上朝，霍獻可特別用一塊綠色的布包住額頭的傷口，希望女皇看見後會誇獎他的忠誠，但是女皇卻是視而不見，對霍獻可沒有說一句嘉獎的話。

七大臣案的同一年，右補闕朱敬則向女皇上了一道奏章，朱敬則認為現在大周帝國建立，人心已定，應該減少刑罰，加多寬恕，朱敬則的奏章說：「秦朝李斯擔任宰相，用嚴刑峻法來控制臣民，不知道用寬和政策，終於導致秦朝政府崩潰，這是不懂得局勢已經變化而死守以前政策所帶來的災禍。漢高祖安定天下之後，用陸賈、叔孫通等人的策略，重禮儀教化，使漢朝得以傳承十二代，這是知道局勢在變而政策也跟著變帶來的好處。自從陛下臨朝，有些臣民心懷不滿，興兵作亂，後來亂事都被平定，那時不用重刑是不行的，後來，陛下設立銅匭，開啟告密之風，使奸邪的人都被告發，除去罪惡，這也是該做的事。現在，局勢轉變了，過去的政策也應該改變了，陛下可以明察秦朝和漢朝的得失，思考時勢的需要，檢討一下從前的政策是否合宜。臣認為目前當務之急是在制止濫用刑罰，堵塞羅織的根源，使天下百姓安居樂業。」

女皇顯然對朱敬則的話有所感動，對告密和酷吏逐漸放淡了，另外有幾個朝臣也上奏章，請女皇少用刑罰，多施仁政。

許多以前被流放邊遠地區的犯人流放地都在嶺南，即今廣東、廣西一帶，有人告密，說嶺南的流人謀反，女皇派司刑評事萬國俊以監察御史身分去查案，萬國俊到了廣州，一天之內就殺了流人三百人。女皇以為萬國俊忠誠，便升他為朝散大夫。後來，女皇又連續派了幾個官員到嶺南查案，他們便以萬國俊為榜樣，到了嶺南就殺流人，流人被殺的多達一千多人。女皇這才發現她派出去的官員都像劊子手，殺人實在太多了，便下了一道詔書，准那些還未死的流人回到自己的家鄉。

從這件事可以顯示女皇漸漸在厭惡殺人的把戲了。

二十八、來俊臣之死

自周興死後，酷吏來俊臣氣燄更盛，他指揮告密，誣陷了許多朝廷大臣。監察御史李昭德是個剛強正直的人，經常指責酷吏，所以酷吏們都仇視李昭德。終於，來俊臣吩咐爪牙告密，指李昭德謀反，李昭德被關進監獄，判處死刑。

來俊臣膽子越來越大，把陷害朝臣當成很過癮的事，竟然動起腦力，想陷害當時政壇上的新貴武三思、武承嗣、武氏諸王、皇嗣武旦、廬陵王李哲和太平公主等，這個陷害的案子牽涉很廣，反撲的力量預料必定很大，來俊臣要仔細策畫，布成一個天羅地網，讓武家的人都逃不掉。

正當來俊臣在設計誣陷武家家族的時候，在來俊臣身邊一個叫衛遂忠的人悄悄把來俊臣的計畫報告武三思，武家的人得知這個消息，無不驚恐萬分，他們知道來俊臣是殺人惡魔，最善於羅織，在暴虐酷刑之下，將會一個牽連一個，武家一定家滅族亡，那真是大禍臨頭，於是武家眾人一起到女皇面前，告發來俊臣的罪行，女皇下令由三法司來審判，並將來俊臣關進監獄。

三法司審判的結果，來俊臣罪行太多了，應處死刑。

三法司判決來俊臣死刑的公文送到女皇面前，女皇壓住公文，三天都沒批准，朝臣們心裡都感到不安，宰相王及善向女皇報告道：「來俊臣兇惡狡猾，所信任的都是一些無賴小人，所屠殺的多是有德君子，臣以為如果不消除元凶惡首，恐怕會動搖朝廷，禍患從此開始。」

一天，女皇騎馬在皇宮旁的御花園閒逛，明堂尉吉頊為女皇牽馬，女皇隨意問吉頊朝廷外面的情形如何，吉頊回答說：「外面的人對陛下遲遲不批准處置來俊臣的事感到奇怪。」

女皇說：「來俊臣有功於國家，朕正在考慮這事。」

吉頊說：「來俊臣集結無賴流氓，誣告無辜的人，殺人無數，廣收賄賂，錢財堆積如山，冤魂塞滿道路，來俊臣是個國賊，死不足惜！」

女皇點點頭：「好吧！就依三法司的判決吧！」

於是，女皇批准了來俊臣的死刑案。

就在同一天，李昭德和來俊臣同被斬首。

李昭德是被來俊臣誣害而被殺，李昭德是正直的好人，朝臣和百姓都為李昭德之死感到惋惜和不平。

相反地，來俊臣被斬首卻是大快人心的事。來俊臣是在洛陽熱鬧的北市斬首，老百姓前來圍觀，把行刑之地堵得水洩不通。那些受過迫害的人早就對來俊臣恨之入骨，當來俊臣被斬下首級，四周的人一擁而上，紛紛手拿小刀，割來俊臣的肉，剖開來俊臣的肚子，一時之間，內臟都流了出來，血流滿地，來俊臣身上和臉上的肉都被人割去了，甚至眼睛、鼻子都被剜掉，骨骼也被拆散，屍體被踩成泥漿。

有人將洛陽街市上的情形向女皇報告，女皇發現來俊臣是萬民憎恨的人，為了爭取民心，女皇頒了一道詔書，歷數來俊臣的罪狀，詔書說：「來俊臣出身市井小人，善於冒險投機，由於他很會揭露隱秘，審訊叛逆，表現出來像是一片忠誠，因此，朕將他從很低的位子提升起來。經過多年，他竟然勾結奸邪，結黨作惡，狼狽為奸。他匿藏逆賊之妹，作為內寵，逼迫良家婦女，收為小妾。他作威作福，無禮無義，搶奪別人的財產比盜賊更兇狠，收受賄賂，贓物如山。他妄想陷害諸王，將諸王全部殺死，文武百官也都受他嚴重的威脅和迫害。最後他竟然心懷不軌，企圖謀反，想做叛逆之人，他反叛的行動已十分明顯。天下人都恨他，無不咬牙切齒，他所犯的罪行數目比他的頭髮還要多，將他粉身碎骨也難以平息眾怒，應該給予滅族的懲罰，以洗刷受害者的冤屈，以平息百姓的憤恨。」

這個詔書把一切濫殺無辜的罪過全都推到來俊臣身上，女皇自己似乎跟酷吏的罪行毫不相干，把責任推得一乾二淨。其實，來俊臣是女皇親自餵養成長的走狗，酷吏的氣勢是女皇有意製造出來的，恐怖政策是女皇親自設計的，罪魁禍首無疑是女皇。現在，女皇把所有罪名都讓來俊臣頂戴，女皇就可以全身而退，這是專制獨裁政體下，君主常玩的權術把戲。

接著來俊臣的爪牙、黨羽一一被清查出來，有的被處死，有的被囚禁。

來俊臣被殺，消除了令人見之色變的酷吏，也結束了長達十四年的恐怖政治。

來俊臣被滅族，黨羽也煙消雲散，全國人民互相慶賀，都說：「從今以後，平安無事，用不著每天提心吊膽不敢睡覺了，不然的話，隨時都會大禍臨頭，誰也保不住自己的性命。」

來俊臣得勢的時候，吏部每年定期選任官員時，來俊臣都會交一些名單給吏部，要求吏部任用名單裡的人出來做官，這些名單裡的人都是不合於任用資格的人，來俊臣收了他們的賄賂，或者是來俊臣的親戚朋友，每次來俊臣送來的名單多達數百人，吏部官員畏懼來俊臣，深怕來俊臣誣陷他們，他們不敢不接受名單，將不合資格的人也一一授予官職。等到來俊臣被殺，追查同黨，吏部官員向女皇報告，來俊臣曾要求違法任用官吏的事，女皇聽了報告，就責備吏部官員們道：「你們明知來俊臣推薦的人都是不合任用資格的，你們竟然派他們官職，這是違法的事，你們知法犯法，該當何罪？」

吏部官員聽到女皇的斥責，一個個都低下頭，似乎是默默認罪。其中有一位官員站了出來，對女皇說：「請陛下息怒，當時來俊臣聲勢赫赫，手握生殺大權，誰能不怕。臣等違反官吏任用法令，最多是降職、免職、貶官等懲罰而已，如果臣等不聽來俊臣的要求，那就不知道哪一天禍從天降，被誣告大罪，那時臣等不但自己的性命保不住，連父母、妻兒、親戚也會一起喪命。所以，臣等寧可選擇違法，也不敢違反來俊臣。」

女皇聽了這話，沉思良久，覺得誅殺來俊臣是正確的，這些吏部官員的處境也是值得同情的，於是，指示吏部官員清理出那些來俊臣推薦的名單，全部撤銷那些人的官職，至於吏部官員違法任用不合資格者的事就不加追究責任問題了。

過了幾個月，有一天，女皇和大臣們談論國事，女皇說：「自從周興、來俊臣死了以後，就沒聽說有人謀反叛逆，難道以前被誅殺的人，有冤枉濫殺的嗎？」

有個叫姚崇的大臣回答道：「自垂拱年間以後，那些被告謀反者，家破人亡，都是冤枉，遭受酷刑，不得不承認，以致被殺。由於告發的人因告發有功而受賞，所以紛紛告發，而且要被告者牽連出其他無辜的人，稱為羅織，於是，一個單純的案子會扯進許多人，這種情形實在比漢朝的黨錮之禍更為嚴重。陛下也曾派親近的臣子去監獄中查問，這些親近的臣子也不能自保，他們也怕被羅織進某個案子，於是也就不敢認真查問，當然就不能搖動酷吏的權位。至於被問的人，他們也不敢在陛下派去的人面前翻供，因為如果翻供，等陛下派去的人一走，他們就會慘遭毒手。現在，感謝老天爺降下靈氣，讓陛下有所覺悟，將那些兇狠惡毒的小人都加誅殺，使朝廷得到平安。從今天起，臣以自己的性命和一家百口的性命保證朝廷內外文武百官再沒有謀反叛逆之人。懇請陛下今後如果得到告密文件，請暫時收拿，不要急著審問，如果查驗有證據，謀反叛逆是事實，臣願意領受知情而不告之罪。」

姚崇的話等於是替文武百官做了保證人。女皇聽了，很高興地說：「以前宰相們都順著酷吏們，造成嚴重的後果，陷朕為淫刑之主。現在聽卿所說，甚合朕心意！」

於是，女皇賞給姚崇白銀千兩，這給女皇自己一個下台階的機會，也表示酷吏時代的結束。

二十九、皇嗣的憂懼

唐睿宗李旦把皇位讓給母親，就被降級為皇嗣，皇嗣就是皇位繼承人，就是太子，應該仍然有崇高的地位。但是，皇嗣自退位後，便處在很困窘的環境中。

女皇的兩個侄兒武承嗣和武三思都有意爭取太子之位，女皇對於將來要把皇位究竟傳給兒子抑或侄兒，也一直猶豫不決。

長壽二年（西元六九三年）正月，女皇在萬象神宮舉行祭典，皇親國戚和文武百官都參加，祭典中有三個人要主持獻祭，女皇初獻，就是第一個獻祭者，武承嗣為亞獻，就是第二個獻祭者，武三思為終獻，就是最後的獻祭者。擔任獻祭代表著身分和地位，作為皇嗣的李旦沒有擔任獻祭，只是和皇親國戚、文武百官一樣，默默地站在旁邊而已，這讓所有參與祭典的人都感到驚訝，皇嗣的地位竟然比不上武承嗣、武三思，也讓人憂心皇嗣的處境會不會有危險。

女皇身邊有個侍女，名叫韋團兒，聰明伶俐，辦事能幹，很得到女皇的信任，女皇常派韋團兒去辦事。韋團兒常奉命出去辦事，有機會和皇嗣李旦接觸，韋團兒對皇嗣李旦極有好感，內心產生愛慕。

有一天，韋團兒來到東宮，見皇嗣李旦一個人獨自坐在書房裡發呆，旁邊無人，韋團兒便悄悄走進書房，一把抱住李旦，李旦猛然一驚，發現是韋團兒，李旦原本就不喜歡韋團兒，於是，站起身來，用力將韋團兒推開，並且斥責說：「豈可無禮，你給我出去！」

韋團兒羞愧地低著頭出去了，像是被重重地擊了一拳，怨恨之心油然而生，心裡輕輕喊著說：「我要報仇！」

過了幾天，韋團兒偷偷地用木頭刻了兩個木偶，埋在東宮的院子裡，然後向女皇報告說，皇嗣的妻子劉氏和妃子竇氏二人暗中詛咒女皇。

「你怎麼知道？」女皇好奇地問。

韋團兒一本正經地說：「是東宮的人和我聊天時說出來的，他們說，劉氏和竇氏請了道士來施法術，還埋了木頭人兒在土裡。」

「噢，有這種事？你去把木頭人兒挖出來看看。」女皇有些生氣。

韋團兒輕易地就把兩個木偶挖出來，交給女皇。

過了不久，有一天，劉氏和竇氏進宮去見女皇，但兩人並未出宮，人就失蹤了。當時傳說，二人是在皇宮中遭到殺害，但屍體不見了。

當然，最憂慮的人是皇嗣李旦，兩個妻妾在皇宮中失了蹤，他卻不敢向女皇報告，更不敢要求追查，因為也不知道這事是不是他的母親幹的，他親眼看到母親怎樣對待王皇后、蕭淑妃和自己的兩個哥哥，他對母親的恐懼之心超過了敬愛之心，他絕對不敢惹母親生氣，他只能默默忍受失去妻子的傷痛。

過了幾天，皇嗣李旦進宮去看女皇，絕口不提劉氏和竇氏失蹤的事，在女皇面前，他表現出一副恭恭敬敬的樣子，還得裝出若無其事，用笑臉來討好女皇。

韋團兒接著又想設計陷害皇嗣李旦，幸好有一個宮女常和韋團兒在一起，知道韋團兒的詭計，覺得皇嗣李旦是個好人，韋團兒實在太狠毒了，便將韋團兒的計謀以及假造木偶的事報告女皇，女皇大怒，立刻將韋團兒處死。

在皇宮裡失蹤的竇氏，原先被封為德妃，是唐玄宗的生母，竇氏的父親竇孝諶擔任潤州刺史，他的一個家奴假裝有妖怪在竇府出沒，製造一些恐怖的異象，讓德妃的母親龐氏心生畏懼，這家奴就慫恿龐氏找來術士，唸咒作法來消除妖魔。

這時，來俊臣還沒死，酷吏仍然橫行，其實，這家奴是受酷吏手下的告密者收買，妖魔出現和請術士來家作法都是家奴有意安排的，等到龐氏中計，請術士來作法，家奴就去告密，說主人詛咒女皇，圖謀不軌。這種利用家奴來告發主人是酷吏們常用的伎倆，這種把戲總是把主人弄得家破人亡。

龐氏被告，朝廷立刻派監察御史薛季昶前來查辦，薛季昶想利用此案立功，便誣奏龐氏和德妃一同用巫術詛咒皇帝。由於龐氏是皇嗣李旦的岳母，其事非小，女皇便召見薛季昶。

薛季昶在女皇面前作了一場精彩的表演，他兩眼汪汪地說：「龐氏所做的太毒惡了，臣實在不忍說出來。」

女皇看到薛季昶的神情，覺得薛季昶忠心可嘉，便擢升薛季昶為給事中，龐氏則被處斬首之刑。

龐氏的兒子竇希瑊向徐有功鳴冤，徐有功立刻上奏女皇，申訴龐氏無罪，女皇下令停止龐氏的死刑，龐氏的丈夫竇孝湛貶為羅州司馬，三個兒子被流放到嶺南地區。

龐氏的案子使皇嗣李旦坐立不安，因為關係太密切了，非常容易被誣陷而牽連進去，幸好徐有功的仗義直言，免了龐氏的死罪，案子結了，皇嗣未被捲入，皇嗣李旦暗暗慶幸逃過一劫。

這時，有裴匪躬、范雲仙等幾個老宦官，都是從前侍候過皇嗣李旦的人到東宮來探望皇嗣，因事先未報告女皇，被酷吏告發，認為這幾個人私自進入東宮有異謀，於是全被腰斬。從此以後，文武百官和百姓再也沒有人敢去見皇嗣了。皇嗣李旦本來就不能任意外出，現在又沒有人敢到東宮來看他，於是，皇嗣李旦每天獨自一人坐在家裡，這種情形類似被囚禁起來。

皇嗣李旦的身邊除了幾個侍候的工人和婢女之外，並無他人，幾乎與世隔絕。然而，閉門家中坐，禍還是從天上來，有人造謠皇嗣有異樣，女皇命來俊臣查辦。

來俊臣先將皇嗣身邊侍候的工人和婢女抓起來，關進監牢，使用酷刑，要他招供皇嗣謀反，這些人受不了酷刑的痛苦，就想在酷吏捏造的供狀上畫押，其中一個叫安金藏的工人大聲對來俊臣說：「我說皇嗣沒有任何異謀，你既然不信我的話，我可以剖心以表明皇嗣不反。」

說著，安金藏就從身上取出一把小刀往自己胸部刺去，立刻血流滿地，五臟也流了出來，人就暈死過去。

女皇聽說有如此壯烈之人，立刻命令將安金藏抬進宮中，叫御醫緊急搶救，也許是安金藏身體強壯，竟然被御醫救活了。第二天，安金藏醒了過來，女皇來到安金藏床前，探望安金藏，很感慨地說：「朕的兒子不能證實自己是清白的，還不如你的忠心來為他洗雪啊！」

於是，女皇命令來俊臣停止查辦這件案子，皇嗣李旦在危險邊緣又逃過一劫。

安金藏的剖腹表忠心是十分感人的，也是極為難得的，到皇嗣李旦的兒子唐玄宗即位後，為獎勵他保護父親李旦的功績，任命他為右驍衛將軍，封代國公，在東嶽泰山和西嶽華山為他立了碑，碑上紀述了他的功勳。

皇嗣李旦一次又一次逃過劫難，但另一個潛在的威脅卻越來越大，那便是女皇的侄兒武承嗣正處心積慮地想搶奪太子的位子。

早在女皇登基以前，武承嗣就在暗中積極進行推動武后登上皇位的工作，像洛水「寶圖」的把戲，就是武承嗣製作、編劇、導演的。武承嗣還努力協助武后大殺李氏宗族，甚至將平定徐敬業揚州之亂有功的李孝逸殺掉，又和酷吏聯手殺害武后的政敵，所以，武后能夠成為皇帝，武承嗣實在是大功臣。武承嗣努力將姑母推上皇位，其目的完全在於私利，因為女皇登基，廢去唐的國號，改為周，這就是改朝換代，唐朝滅亡，周朝興起，原本李家的天下，現在換成武家的天下，武承嗣自認為在血統上，他是武家家族中的第一人，武家天下在女皇之後，他是最有資格的繼承人。事實上，女皇雖然殺了武承嗣的父親，但對武承嗣這個侄兒卻是極為寵信的，女皇登基時，封武承嗣為魏王，官居宰相。

武承嗣的野心是爭取皇位繼承權，這是人盡皆知的事，武承嗣野心的最大障礙是皇嗣李旦，這讓皇嗣李旦十分憂心，深恐自己會被武承嗣殺害。

三十、武承嗣的太子夢

女皇即位後，雖立幼子李旦為皇嗣，但由於侄兒武承嗣有意奪取皇位繼承權，動作頻頻，使皇太子地位之爭成為朝廷上熱門的話題。

天授二年（西元六九一年），就是女皇即位後第二年，武承嗣導演了一齣請願劇。洛陽人王慶之率領了數百名老百姓來到洛陽皇宮前請願，他們請求立武承嗣為太子。宰相岑長倩得知王慶之的請願內容後，向女皇上了一道奏章，岑長倩說，現在皇嗣在東宮，不應該有立嗣之議，請皇上將上書者訓斥一頓，命令他們解散。

女皇看了岑長倩的奏章，就問另一位宰相格輔元，格輔元的意見和岑長倩一樣。於是，女皇下令王慶之等人離開皇宮前。

武承嗣對岑長倩和格輔元恨之入骨，過了一個月，武承嗣指使酷吏誣告岑長倩、格輔元謀反，二人被殺。

岑長倩、格輔元既死，武承嗣便一再向女皇進言，請女皇接見王慶之，女皇終於應允了。

女皇見到王慶之，便直接問道：「現在的皇嗣是我的兒子，你們為什麼想廢掉他呢？」

王慶之心裡早有準備，從容地回答道：「《左傳》中有句話：『神不歆非類，民不祀非族。』當今是武家的天下，怎麼能以李氏為子嗣呢？」

女皇覺得王慶之講的有理，其實，這問題一直在她心裡打轉，她將來究竟要把皇位傳給誰？是姓李的兒子？還是姓武的侄兒？始終未能決定。不過，她才坐上皇帝寶座一年而已，並不急著要解決這問題。於是，女皇揮揮手，要王慶之退下，對王慶之說：「這是朕的家務事，不須你多費心，你回去吧！」

王慶之被潑了一盆冷水，但仍不死心，跪在地上磕頭不已，流著淚說：「小人是一片忠心，為了大周的基業，陛下可以把我趕走，難道就不顧念子孫後代了嗎？」

女皇見王慶之態度誠懇，便命身邊的宦官交給王慶之一張紙，這紙上有女皇的御璽印章，對王慶之說：「你的心意朕知道了，你暫且回去，以後再來，可將這紙條拿給皇宮守門的人看，守門的人會讓你進來。」

王慶之欣喜若狂，他拿到皇宮入場券，這可是別人都得不到的殊榮。過了兩天，王慶之拿了這張紙條到了皇宮，皇宮的守衛果然讓他進去。在一個宦官的引領下，王慶之又見到女皇。

王慶之不是一個有學識的人，他只會背誦武承嗣教他的那一番話，於是把前天在女皇面前說的話再說一遍，女皇見他沒有新意，便要他走了。

王慶之覺得進皇宮很新奇，能面見女皇更是可貴，食髓知味，於是，王慶之過一、二天就拿著紙條入宮，每次都講一樣的話，弄得女皇感到不耐煩，有一次，女皇便命將王慶之交給宰相李昭德，要李昭德將王慶之杖責一頓。

李昭德奉命將王慶之押到皇宮城門外，許多朝臣都來圍觀，李昭德對朝臣們說：「這個逆賊妄圖請皇上廢掉皇嗣，立武承嗣為太子，諸位以為如何？」有人回應道：「此賊可惡可殺！」大夥兒隨聲喚：「打！」「殺！」

李昭德說：「奉皇上之命杖責此賊。」

於是吩咐身邊的軍士們手持木杖、木棍，向王慶之用力揮打，不一會兒，王慶之就被亂棍打死了。

一場「勸立太子」的鬧劇至此收場。

處理了王慶之後，李昭德向女皇報告結果，並且勸女皇確立兒子為繼承人，李昭德說：「天皇是陛下之夫，皇嗣是陛下之子，陛下今有天下，當傳之子孫，怎麼能傳給侄兒呢？陛下如果傳給兒子，千秋萬代以後可以永遠享兒孫們的祭祀。如果陛下傳給侄兒，侄兒的宗廟裡是不祭祀姑母的。」

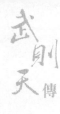

李昭德的話讓女皇悚然心驚，中國人的習慣認為女兒不是自己家的人，俗話說：「嫁出去的女兒，潑出去的水。」所以，出嫁的女兒在娘家是沒有地位的，家族祠堂裡不會為嫁出去的女人立牌位，所以，李昭德講的對，如果武家立了宗廟，這武家的宗廟裡不會放女皇的牌位，因為女皇是武家嫁出去的女兒。傳統中國人都重視死後要有自己的牌位，一方面可以接受子子孫孫的祭祀，一方面表示自己的地位，如果將來在武家宗廟裡連一個自己的牌位都沒有，武家子孫不來祭祀她，那麼她死後豈不變成孤魂野鬼了嗎？同時，自己做過皇帝的光榮紀錄豈不也被人忘掉了嗎？

女皇陷入沉思，但她一時還是不能決定。

第二年（長壽元年，西元六九二年）五月，李昭德覺得武承嗣的權勢越來越大，深感憂慮，便向女皇提出諍諫，請女皇對武承嗣的權力加以限制。女皇對李昭德說：「承嗣是朕的侄兒，朕信任他不是理所當然的嗎？」

李昭德很嚴肅地回答道：「陛下還記得隋煬帝楊廣殺父奪位的事吧！姑侄再親也超不過父子，兒子為了篡奪皇位還能殺害父親，何況是侄子呢！現在，陛下的侄子武承嗣既封親王，又當宰相，他握的權勢和陛下差不多，臣實在為陛下的大位擔心得很啊！」

李昭德所說的話，句句打動女皇的心，女皇自己有強烈的政治權力慾望，為了獲得更大的政治權力，什麼事都可以做。隋煬帝殺父奪位之事雖不是她親眼所見，但她深信是真實的事，為了爭奪皇位，任何父子之情、君臣之義都可以不顧，姑母和侄兒雖是十分親近，但姑侄之情能擋得住權位的慾火嗎？她相信慾望會打敗感情。於是，女皇理清了思緒，對李昭德說：「朕還未曾想到這一層，謝謝你提醒，朕會仔細思考。」

當女皇即位時便立了退位的唐睿宗李旦為皇嗣，皇嗣就是皇位繼承人，但誰都知道，皇嗣是一位無權、無勢、不見蹤影的人，甚至是被女皇收藏在箱子裡的木偶，隨時會消失。反觀武承嗣卻是積極培養權勢，力爭太子之位，難怪會讓朝臣們覺得皇位繼承人未定。

武承嗣沒有停止營求太子之位的活動，長壽二年（西元六九三年）武承嗣策畫了五千人聯名上表，請女皇加尊號「金輪聖神皇帝」，延載元年（西元六九四年）又策畫了二萬六千餘人上書，請女皇再加尊號「越古金輪聖神皇帝」，第二年又加尊號「慈氏越古金輪聖神皇帝」。其實，這些尊號都是空虛的頭銜，但對一個七十歲的女皇帝來說，仍舊有滿足虛榮心的作用，女皇也感覺到武承嗣對自己的忠誠，這對武承嗣爭奪太子寶座的美夢絕對是有幫助的。

當時朝廷上反對立武承嗣的朝臣中，李昭德無疑是態度最明顯而且堅決的人，武承嗣當然十分痛恨李昭德，經常在女皇面前說李昭德的壞話，女皇都未加理會。有一次，武承嗣又在指責李昭德，女皇有些不耐煩地說：「朕任用李昭德，晚上才可以安然睡著，你不要再多說了。」

看來，女皇是相信李昭德的。

於是，武承嗣和酷吏們聯手，誣陷李昭德，女皇被酷吏們的謊言打動，也懷疑李昭德爭功諉過，建立自己的權勢，於是同意酷吏們的請求，將李昭德流放到邊遠的嶺南地區。後來，李昭德又被誣陷，被處死刑。

李昭德雖被除掉，但武承嗣還是沒有實現他的太子夢，因為女皇瞭解這個侄兒生活奢侈，無才無德，不是一個理想的繼承人。女皇對武承嗣一件強占婦女的事尤其不滿。

左司郎中喬知之有一個妾碧玉，長得美豔動人，能歌善舞，喬知之極為疼愛，不肯娶妻，把碧玉視為妻子，兩人感情濃蜜，是一對恩愛夫妻。武承嗣聽說碧玉貌美又多才藝，便向喬知之借碧玉，喬知之不敢抗拒，把碧玉送進武承嗣家，武承嗣便霸占了碧玉，不許碧玉回去。

喬知之失去了碧玉，朝思暮想，便寫了一首詩，偷偷送給碧玉，這首詩名為「綠珠怨」，綠珠是西晉時石崇的妾，被孫秀霸占，綠珠執意不從，跳樓而死。綠珠和碧玉遭遇相似，喬知之假借綠珠之事來抒發自己的哀怨。

碧玉接到喬知之的詩，心如刀割，思念丈夫，卻又逃不出武承嗣的魔掌，痛哭流涕，便投井自殺了。

碧玉死後，武承嗣從碧玉身上搜出喬知之的「綠珠怨」，便指示酷吏誣陷喬知之謀反，喬知之被殺。

由於「綠珠怨」寫得很動人，碧玉為情而死也很感人，於是這事就傳遍了洛陽，人們無不為碧玉一灑同情淚，痛恨武承嗣的作為。最後，這事也傳到女皇耳中，使女皇對武承嗣增加了不滿，這也讓武承嗣的太子夢未能實現。

三十一、求才若渴

女皇是一個極有政治權謀的人，她重用酷吏，造成恐怖政治，但酷吏只是她剷除政敵的工具，這些酷吏如最寵信的來俊臣、周興等，官位都不高，也都沒有進入中央政府的中樞——宰相群之中。事實上，女皇在政治上有許多正面的、利國利民的作為，這些正面的、利國利民的作為發揮了很大的功效，使女皇得以安安穩穩地統治這個大帝國。

女皇曾在唐太宗身邊十二、三年，受唐太宗和貞觀年間政治氣氛影響很大，所以當女皇掌權，無論是以皇后、太后身分干政或是以皇帝身分主政，都想學唐太宗，想要重現貞觀盛世。

造成唐太宗貞觀之治的重要因素是任用人才，貞觀年間政治舞台上才德兼備的大臣極多，如房玄齡、杜如晦、魏徵、長孫無忌、王珪、戴冑、溫彥博、高士廉、馬周等，不僅學識淵博、行政經驗豐富；而且品德操守良好，他們是推動貞觀之治的主力，如果沒有這些人才，貞觀盛世是無法形成的。

女皇深知人才的重要，所以在她掌權之後，便全力選拔人才。她多次下詔求賢，她說：「周朝、漢朝之所以興盛，在於廣選賢良，歷觀前代的興衰，莫不由此。渡河得用舟船，建屋需得棟樑，治理國家必須依靠一大批能幹的文臣武將。我自從掌握國家大政，廢寢忘食，都在渴望尋求賢良。我多次下令和派人四處招攬賢才，深恐在殺豬、捕魚的人群中有賢才被埋沒，怕在山澤和園林裡有賢才被遺棄。我希望普天之下，人才都可以出頭。我要求大家來薦舉人才，如果得到人才，一定會不限資格，予以重用。」

女皇渴望人才的話不是冠冕堂皇的空話，事實上，女皇有許多具體措施和表現都證實廣求賢才是女皇的心意。

以科舉為例，科舉就是分科舉人，也就是分成許多科別，如進士科、明經科、明法科、明算科……等，以考試的方法來選拔人才。科舉創始於隋煬帝時，經過唐高祖、唐太宗時都舉行科舉，但錄取的人很少，也沒有受到重視。唐高宗時，武皇后執政，才開始重視科舉，尤其是進士科更是受到特別重視。女皇即位的第一年，女皇在洛陽舉行了一次規模宏大的考選。考生經過全國各州初試及格，到洛陽參加大考，除了筆試之外，女皇還在宮殿裡親自面對面加以口試，皇帝親自一對一和考生談話，這是空所未有的創舉。口試的內容十分廣泛，可能說沒有範圍，從經典、文學、詩詞到政治、經濟、國際大勢，到人生觀，無所不包，女皇自己學識淵博，而閱人多矣，所以，除了聽考生的回答是否正確，言辭是否流暢之外，還要看考生的儀態舉止，人品是否端莊。由於人數眾多，女皇花了好幾天才口試完畢，這種形式的考試可以反映出來女皇是誠心誠意在求才。

除了科舉之外，還有制舉。科舉是每年一次的定期考試，制舉是皇帝視需要而隨時舉辦的考試，選拔各種人才。

今日的廣東、廣西、貴州、越南等地在唐代時，經濟尚很落後，許多地方還未開發，像是蠻荒之地，是唐朝政府最常流放罪人的地區。女皇對這地區也沒忽視，宣布每四年中央要派官員去這些地區選拔人才，稱之為「南選」。

此外，女皇常常要求大臣們推薦人才，對於大臣們推薦的人才，女皇都會任用，例如張循憲推薦張嘉貞。

張循憲以侍御史身分受命到河東（今山西）去巡訪民情，遇到一個老百姓叫張嘉貞，曾擔任過一個縣政府的小官，後來不知什麼原因被免職了，張循憲聽當地人說，張嘉貞很有才能，便召見張嘉貞，兩人對談，張循憲發現張嘉貞才思敏捷，條理分明，便請張嘉貞擔任自己的秘書，幫忙寫奏章。張循憲的奏章常得到女皇的誇獎。張循憲回到洛陽晉見女皇，向女皇坦誠自己的奏章都是張嘉貞代寫的，張嘉貞是有才能的人，請女皇不計門第，不論資格，給張嘉貞一個官職。

女皇對張循憲說：「只要是人才，朕難道沒有官職給他？朕要見見他。」

於是，女皇接見了張嘉貞，交談之後，女皇非常滿意，立刻任命為監察御史，張嘉貞任職表現傑出，官位步步高升，到唐玄宗開元年間官至宰相，是唐朝的名相之一。

有一次，女皇向宰相狄仁傑請求推薦人才，狄仁傑說：「陛下要擅長文學的人才，現在的宰相李嶠、蘇味道便是，難道陛下要找一個為國家辦大事、定方針的人嗎？」

女皇笑著說：「你猜中我的心意了。」

於是，狄仁傑向女皇推薦張柬之，這張柬之正擔任荊州長史。女皇不久就提升張柬之為洛州司馬。

過了幾天，女皇又要求狄仁傑推薦人才，狄仁傑說：「上次臣推薦張柬之，陛下還沒重用呢！」

女皇說：「朕已經把張柬之升任洛州司馬了。」

狄仁傑說：「臣推薦張柬之是當宰相，不是當地方官啊！他還沒有發揮才幹呢！」

女皇順從了狄仁傑，任命張柬之為秋官侍郎（刑部侍郎），後來，升為宰相。

由於女皇相信大臣們推薦的人才，大臣們也確實把真正的人才推薦給女皇，像宰相朱敬則推薦了魏知古、裴懷古，裴行儉推薦了黑齒常之、李多祚，婁師德推薦了狄仁傑，狄仁傑推薦了姚崇、張柬之、桓彥範、敬暉等，這些人都是一代名臣或名將。

女皇還有一項用人的創舉，就是開設「武舉」，以前，武官幾乎都從軍中選拔，女皇要從老百姓中選拔有才幹的武職官員，便在科舉中增加武官，武舉考試當然側重在騎馬射箭等，考試錄取後，由兵部派任官職。

女皇登基的那年，派出十道存撫使，把全國分為十個道，每道派一個中央官擔任存撫使，存撫使的主要任務是收攬人才，存撫使跑遍了田舍農家、山林深谷，察訪人才。過了一年多，十道存撫使回京，共推薦了一百三十人，女皇親自一一召見，全部給予官職。於是，朝廷裡忽然多出一大批官員。這些官員先是試用，試用任某個官職，也稱為「試官」，試官最多是補闕、拾遺，補闕、拾遺是諫官，職掌是諍諫君主，沒有員額限制。當時有人很不滿政府中突然增加了太多官員，就諷刺說：「補闕連車載，拾遺平斗量。」不過，女皇對這些試官是嚴加考核的，如果試官稱職，就可以成為正式官員，如果不稱職，就會被撤職，如果濫用職權或違法瀆職，甚至會被處死刑。

女皇熱心選擇人才，不講門第，不限資格，有一次，女皇要宰相們每人推舉一人到尚書省擔任郎官，每位宰相都推舉了一人，輪到狄仁傑，狄仁傑推薦了兒子狄光嗣，其他宰相聽了都叫起來：「你怎麼可以推薦兒子？」女皇卻拍手大笑說：「好！好！內舉不避親，這是美事！祁奚內舉的故事再度重演。真是好極了！」

女皇所說的祁奚是春秋時代晉國人，任中軍尉，年老要求退休，晉悼公問祁奚誰合適接任他的職位，祁奚推薦他的仇敵解狐，解狐將要就任時病死了，祁奚又推薦自己的兒子祁午。這就是「外舉不棄仇，內舉不避親」的故事。

女皇甚至還重用仇人的後代子孫。當年上官儀向唐高宗建議要廢掉武皇后，武皇后大怒，將上官儀和他的兒子上官庭芝處死，上官儀的孫女上官婉兒年紀幼小，被收入皇宮做為奴婢。上官婉兒天性聰敏，擅長寫文章詩詞，十四歲那年，她寫了一首七言詩，優美典雅，被喜愛文學的女皇看到，十分驚奇上官婉兒的才華，便召到身邊，女皇知道她是上官儀的孫女，但毫不計較，指導上官婉兒讀書作文和講解國家大事，幾年的訓練後，女皇有時會讓上官婉兒代為批閱朝臣們的奏章，甚至代為草擬詔書。上官婉兒原本把女皇看成殺祖殺父的仇人，後來竟轉變成女皇的忠實擁護者。

女皇求才若渴的心在中國古代的皇帝中是很少見到的，當然，她求才的目的是要鞏固她自己的權位。

三十二、「國老」狄仁傑

在女皇時代，最受女皇尊敬的人是狄仁傑。

狄仁傑是并州太原人，曾做過并州都督府法曹、大理丞、侍御史、寧州刺史、豫州刺史。當他任大理丞時表現傑出，大理就是大理寺，主管民刑事案件的審判，是唐代中央三大司法機關之一，其他兩個司法機關是刑部和御史台，合稱三法司。大理丞是負責審判案件的法官。狄仁傑就任大理丞時，大理寺裡積案如山，許多案件積壓很久都沒定案，狄仁傑用了一年時間，把大理寺的積案處理掉一萬七千件，每件案子都處理得公平、公正、合理、合法，竟然沒有一個被告喊冤，這使狄仁傑善於判案的美名遠近皆知。

狄仁傑擔任寧州刺史時，勤於政務，愛護百姓，提倡教育，發展經濟，執法公平，深受百姓愛戴，百姓們為狄仁傑立了一個石碑，記述狄仁傑在寧州所推行的德政。

有一年，御史郭翰奉命到甘肅一帶察訪民情，寧州在甘肅，聽到狄仁傑的名聲，便報告武后，武后提升狄仁傑為江南巡撫使。

女皇即位的第二年，召見了狄仁傑，女皇對狄仁傑說：「你擔任地方官，有許多善政，朕都知道，朝中有些大臣在誇獎你，但也有人在說你的壞話，如果你想知道說壞話的是誰，朕可以告訴你。」

狄仁傑用很嚴肅的表情回答道：「陛下如果認為臣有過失，臣當盡力改正，如蒙陛下明白告知，乃是臣的大幸，但臣並不想知道那說臣壞話的是誰。因為臣不知道那人在說我的壞話，我反而可以和他很正常相處，和他一起做事也不會有心理上的負擔。」

狄仁傑的回答大出女皇意外，因為一般人都會想知道誰在背後罵他，這是人性，不料，狄仁傑竟然不想知道誰在罵他，也不想追究，這樣寬大的心胸真是可佩，於是，女皇決定任用狄仁傑做宰相。

狄仁傑為人正直，當然會得罪很多人，就常有人告密，說狄仁傑謀反，酷吏們更是討厭狄仁傑，狄仁傑曾被關入監牢，判處死刑，幸虧女皇下詔挽回，但狄仁傑仍不免被貶官到邊遠的地區去。不過，一兩年後，女皇總會將狄仁傑召回，仍舊擔任宰相。

狄仁傑在朝廷上以敢於直言諍諫而聞名，有一次，女皇想建造一座大佛像，預計要耗費幾百萬錢，由於政府財力不足，女皇準備讓全國的和尚、尼姑每人每天捐出一個銅錢，以補助建築費用。狄仁傑向女皇諍諫道：「臣聽古人說過，治理國家要以照顧百姓所需為優先。現在的佛教寺廟，建築華美，雕樑畫棟，奢侈已極，其建造費用之多，有時超過皇宮。這些建築不是鬼神所造，而是憑藉人工建造，建築材料不會從天而降，而是依靠土地生產。無論是人工和建材，豈不全是由百姓來負擔嗎？現在百姓的生活本來就很困苦，政府的徭役又多，和尚、尼姑不事生產，他們用各種方法來威逼利誘，讓百姓捐獻錢財，和尚、尼姑受到政府優待，免租稅，免徭役，這讓許多百姓削髮去當和尚、尼姑，使和尚、尼姑的數目越來越多，從事生產者越來越少，百姓的負擔越來越重，臣每想到此事，心裡就會憂慮不已。近年來邊境不安定，突厥、契丹常來侵犯，而國內水災、旱災不斷發生，如果再建造佛像，大興土木，百姓的負擔就更重了。陛下要做功德，何必要經由造大佛像，落一個勞民的名聲呢？陛下要和尚、尼姑每人出一個銅錢，其實數目並不多，大部分費用還是政府支付。佛教是以慈悲為懷的，陛下信佛，就要體恤百姓的疾苦，應該節省人力、物力，所以，請陛下停止興建大佛的工程。」

女皇覺得狄仁傑說得有理，便下令停建大佛。

聖曆初年（西元六九八年），北方的突厥侵犯趙州、定州等地，女皇任命狄仁傑為河北道元帥，狄仁傑領兵打敗突厥，突厥退出河北地區。女皇又任命狄仁傑為河北道安撫大使，任務是安撫被突厥占領過的河北地區的民心。當時河北地區的百姓在突厥統治時，很多人在受迫脅之下，曾為突厥做過事，突厥退去以後，那些百姓十分害怕朝廷會追究他們的罪，內心恐懼不安，紛紛藏匿起來。狄仁傑在河北地區了解狀況後，便向女皇上了一道奏章，狄仁傑說：「河北地區曾被突厥占領過一段日子，在占領時期，有許多河北百姓受了威脅，不得不為突厥做事，有的人做了突厥的官吏，有的人在突厥軍隊中當兵，現在突厥退去，這些人並未隨突厥而去，他們仍留在他們的故鄉河北。最近聽說朝廷中有些大臣指責那些曾為突厥做過事的人，說他們叛國，應予處死。如果朝廷果真下令要處死那些人，那將引發河北地區百姓心裡的恐慌，河北地區恐怕就不安寧了。東漢末年，董卓作亂，押著漢獻帝從洛陽到長安，後來董卓被殺，執政者沒有赦免董卓的部屬，使董卓的部屬人人自危，深怕被處死，於是董卓的部屬起來作亂，政府無法控制，終於釀成大禍，使東漢政權崩潰。臣每讀到這段歷史，總會停下來嘆息不已。現在，河北地區那些曾為突厥做過事的人為數不少，他們深恐受到處罰，紛紛逃到深山江海之中，這是潛伏性的危險。如果朝廷能寬大處理，他們一定會回到自己家鄉，過安定的生活，如果不能採寬大政策，那時恐將激發成一場禍亂。人主恢宏大度，不必拘泥於常法。臣請求陛下赦免河北地區的臣民，不再追問他們在突厥統治時的行為，准他們回到家鄉，這樣河北地區就安定了。」

女皇批准了狄仁傑的奏章，河北地區果然安定了。

可見女皇對狄仁傑是十分信任和尊重的。

有一次，狄仁傑陪女皇到郊外遊玩，忽然颳起一陣大風，把狄仁傑的頭巾吹掉了，馬也受驚而狂奔，女皇立刻叫身邊的太子去為狄仁傑拾起頭巾，叫侍衛上前去為狄仁傑勒住馬。

風止住了，狄仁傑戴好頭巾，女皇看看狄仁傑安然無恙，才放心繼續遊覽。

狄仁傑為官清廉，絕對不收賄賂，家境並不富裕，女皇知道狄仁傑生活簡樸，便送了一幢住宅給狄仁傑，還送一件親手製作的袍子給狄仁傑，使朝中大臣們看得心裡酸溜溜的，女皇知道大家有吃醋的味道，便對群臣說：「朕這樣做，是獎勵守正道、守清廉的人，位居顯要、官至宰輔的人也要學著如此行啊！」

狄仁傑向女皇報告，自己年老體衰，請求告老還鄉，女皇不肯放人，要他繼續擔任宰相。

女皇挽留狄仁傑是很誠心的，她十分尊敬狄仁傑，她稱呼狄仁傑為「國老」，表示尊敬。

女皇對身旁的臣子說：「國老年紀大了，屢次要求告老還鄉，都被朕強留下來，每次上朝，看到國老下拜，朕心中總是感到不忍，從今以後，國老上朝不要下拜。」

當時的規定，宰相要在辦公廳輪流值班，值班的宰相夜晚也要在辦公廳守候，以應付緊急突發事件。女皇顧念狄仁傑年邁體弱，特別准許狄仁傑不用夜間值班。

同時，女皇又囑咐朝臣，除非有大事，否則不要去麻煩狄仁傑。

女皇的態度處處都顯示出對狄仁傑的尊重和愛護。

聖曆三年（西元七〇〇年）狄仁傑病逝，女皇痛哭流涕，對群臣說：「國老去世，朕感覺到好像殿堂空了。」此後，每遇到朝廷大事宰相們不能決斷時，女皇都會說：「老天爺不照顧，為什麼奪走了朕的國老啊！」

女皇對狄仁傑的那種懷念之情，是極為難得見到的。

三十三、女皇的男寵們

唐高宗去世時，武后年紀已經六十歲，不過，武后身體健康，完全沒有老態，而且活力旺盛。在白天，武后面對群臣，處理國家政務，精神奕奕，生龍活虎一般，到了夜晚，武后獨處皇宮，雖然左右有宮女和宦官，但是缺少可以談話、引起樂趣的對象，尤其睡在寬大的床上，更是覺得孤單和寂寞。

武后芳心空虛，被千金公主猜到了，千金公主覺得這是一個討好武后的機會來了。千金公主乃是唐高祖的小女兒，唐太宗的同父異母妹妹，唐高宗的小姑姑，是個心思靈巧的人，她善於察言觀色，善於見風轉舵。當武后以女皇身分掌權之時，她便極力討好武后，巴結諂媚之事無所不為，甚至請求做武后的女兒，武后也很歡喜，便應允收千金公主為女兒，改姓武。當武后以太后身分臨朝，大殺李唐宗室之時，千金公主絲毫沒有受到牽連，而且常在武后身邊。

千金公主揣摸到武后身心的寂寞，便把馮小寶推薦給武后，成為武后的第一個男寵。馮小寶後來改名為薛懷義，薛懷義恃寵而驕，讓武后也心生畏懼。便殺了薛懷義。女皇即位後，又寵愛御醫沈南璆，但不久沈南璆患了重病，不能侍候女皇，女皇又回到孤單的皇宮生活。

女皇這時年齡已過七十，但身體仍然健壯，親自處理政務，不覺疲勞，但是夜晚孤寂的感覺卻籠罩在她心裡，她需要男人，需要身旁有可以說話、嬉笑、陪伴的男人，這種需要，與其說是情慾的渴求，不如說是心理上的滿足，在生活上，她一點也不缺乏，宮女和宦官隨時會照顧她，一切衣食住行都沒問題，但她心裡是空虛，她渴望男人，和她能有貼身的親近，當她在夜晚的皇宮內室，恢復女人本色的時候，讓她擁有家庭中夫妻的歡樂。縱使在白天遇到一些棘手的政治事務，她回宮來也可以找到貼心的人一起商量。

唐朝初年正值儒學衰微的時期，儒學中的禮教思想還沒有成為社會的主流，在缺少堅強禮教觀念約束之下，唐朝的社會呈現出男女關係相當開放的景象，女人守貞節的觀念尚未普及，於是，男人嫖妓納妾是普遍認可的事，女人的婚外情也不視為怪異，試看唐朝初年公主們有情夫幾乎是很普通的事，唐朝宮廷裡皇帝亂倫的事屢見不鮮。

在這樣開放的社會裡，女皇芳心寂寞，要尋求情夫，並不是驚世駭俗的事，所以女皇把薛懷義當男寵，自己並不覺得羞恥，而朝臣和百姓也沒有指責女皇不守婦道。

萬歲通天二年（西元六九七年），女皇的女兒太平公主將一個美少年張昌宗推薦給母親，張昌宗年少貌美又擅長音樂，女皇十分歡喜，立刻成為女皇的男寵。

張昌宗是河北定縣人，也是官宦之家出身，族祖張行成在唐太宗貞觀末年做過宰相，父親張希臧做過雍州司戶，那是一個地方政府七品小官。

女皇把對薛懷義的恩愛給了張昌宗，張昌宗也對女皇赤裸裸地表示忠心和熱誠，令女皇很滿意。

有一天，張昌宗跪在女皇腳前，露出滿臉愁容，女皇問道：「你今天有什麼心事？為什麼一副悶悶不樂的樣子？」

張昌宗回答道：「臣進宮不少日子，承蒙陛下恩寵，深感榮幸，但臣心裡總是有些不安，因為臣有一個哥哥，官職還很卑小，可否請陛下准許哥哥也進宮來，一同侍奉皇上。」

女皇笑著說：「看來你們兄弟很友愛呀，你哥哥叫什麼名字？他的官職是什麼？」

張昌宗仰起頭，回答道：「臣的哥哥叫張易之，在尚乘局當奉御。」

女皇點點頭，她知道尚乘局是殿中省的一個單位，掌管馬匹，奉御是最基層的小官，便接著問道：「你為什麼要推薦你哥哥？」

張昌宗用很認真的口氣回答道：「我哥哥的長相比我還要美，也擅長音樂唱歌，又會煉長生不老之藥，我覺得他如果能進宮來和我一同侍候陛下，對陛下會更有益處。」

女皇拉起了張昌宗，笑著說：「好吧！你明天就把你哥哥帶進宮來！」

第二天，張昌宗便引領張易之進了宮。女皇看到張易之，長得健壯，皮膚又白又嫩，相貌俊美，兩眼傳神，果然是一個絕色的美男子，比張昌宗尤有過之。

女皇滿心歡喜，對張易之說：「聽說你多才多藝，可以表演一下嗎？」

於是，張易之在女皇面前拿起一個古琴，彈了一支樂曲，又唱了一首歌。張易之歌喉嘹亮，音色甜美，女皇向來喜歡文學和音樂，聽了張易之的歌聲感到十分興奮，讚賞不已。

當然，張易之就被留在宮中，也成了女皇的男寵。

張易之、張昌宗兩兄弟在宮中，每天都抹粉、抹臙脂、擦口紅，刻意打扮自己，就像今天的電影明星或模特兒一樣，每天花很長的時間為自己化妝。

張易之、張昌宗雖然每天在宮裡，女皇仍然賜給他們官職，張易之為司衛少卿，張昌宗為雲麾將軍，行左千牛中郎將。司衛少卿是唐朝中央政府中九寺中司衛寺的副首長，四品官；雲麾將軍是武散官，三品官。當然，他們都是享俸祿、居高位卻不管政務的官。

張易之、張昌宗兄弟極得女皇的寵愛，女皇經常賞賜他們金銀財寶，還賜給他們豪華的住宅和眾多的奴婢。

張易之、張昌宗的父親已經去世，母親臧氏仍活著，女皇恐臧氏守寡感到孤獨，便下令要鳳閣侍郎（中書侍郎）李迥秀做臧氏的情夫，這種指定一個官員來做某個女人情夫的事，在中國歷史上是絕無僅有的。

張易之、張昌宗兄弟的任務是陪伴女皇游宴玩樂，於是女皇的宴會多起來了。女皇常在內宮設宴，請武家的親戚作陪，有時也會邀請一些態度輕薄、性喜巴結的官員和文人參加，酒席之間，張易之兄弟會講一些黃色笑話，逗得大家哄堂大笑，又會拿參與宴會的人開玩笑，又會彈琴唱歌，使得原本嚴肅冷靜的皇宮變成歡笑不斷的場所，這是女皇以前從來沒有經驗過的生活，讓女皇覺得好興奮。後來，張易之兄弟竟然教女皇玩紙牌，女皇也覺得十分有趣，便常和張易之兄弟、武家親戚在皇宮內室玩牌。

女皇對張易之兄弟的寵愛不但超過薛懷義，更是超過自己的兒子、女兒，朝臣們看在眼裡，自然對張易之兄弟畢恭畢敬，連武家親戚，包括武承嗣、武三思在內，都在巴結張氏兄弟，經常等候在張易之兄弟的家門口，爭著給張氏兄弟牽馬執鞭，那種卑躬屈膝的樣子不像是朝廷大臣和皇親國戚，倒像是一群低賤的小人。他們不敢叫張易之兄弟的名字，便稱呼張易之為五郎，張昌宗為六郎。

在朝廷中，有一批習慣於趨炎附勢的朝臣便盡力依附張易之兄弟，想藉張氏兄弟達到升官或保持政治權位的目的，這些人中較著名的有宰相楊再思、蘇味道等。以楊再思為例，楊再思是個典型的奸佞小人，他善於揣摸女皇的心意，女皇喜歡誰，他就吹捧，女皇厭惡誰，他就攻擊。有一次，張易之的哥哥司禮少卿張同休宴請公卿大臣，酒宴中，張同休戲弄楊再思說：「楊內史的相貌真像高麗人。」高麗是蕃邦，是在取笑楊再思，不料楊再思站了起來，笑著說：「少卿說得對，卑職像高麗人。」說著，把紫袍脫下來，反過來穿，竟學高麗人，跳起高麗舞來，弄得滿座大笑，堂堂宰相竟自扮起小丑來。

這時，有人在誇獎張昌宗貌美如花說：「六郎面似蓮花。」

楊再思立刻反駁說：「不對！」

張昌宗聽得有人誇他面似蓮花，正感到得意，忽見楊再思竟然反對，便問道：「為什麼不對？」

楊再思裝出一副獻媚的笑容，尖著嗓子說：「不是六郎面似蓮花，而是蓮花似六郎。」

滿座響起了掌聲，大家莫不佩服楊再思的馬屁功夫。

三十四、太子寶座爭奪戰

當女皇即位後，朝臣們最關心的事是立誰為太子的問題。

當時，退位的唐睿宗名義上是皇嗣，皇嗣就是皇位繼承人的意思，所以，皇嗣等於是太子。但是，大家都知道唐睿宗個性太軟弱，沒有處理政務的能力，而且又沒有做皇帝的意願，所以，唐睿宗這個皇嗣並未被大家認為是真正的皇位繼承人。

想要爭取皇位繼承人寶座最熱心的人是女皇的兩個侄兒：武承嗣和武三思。

武承嗣和武三思發動武家宗親和親武的朝臣向女皇遊說，請女皇立武承嗣或武三思為太子，他們的理由很簡單：現在武家天下，皇帝的寶座當然該由武家的子孫繼承，從古以來都是皇位在一個家族內傳承，如果換了外姓的人做皇帝，那便是改朝換代了。

武三思是武元慶的兒子，武承嗣的堂兄弟。武三思為人奸詐，善於拍馬逢迎，很得女皇的賞識。

武三思為討好女皇，建了三陽宮、興泰宮等離宮，耗費政府大量資財，這些離宮是讓女皇外出遊玩居息之所，女皇登基以後，覺得天下都在自己手中，於是遊興大發，遊過許多名山，拜過很多神仙廟宇，所以對武三思的安排相當滿意，促使女皇和武三思越來越親近，女皇多次駕臨武三思的家，賞賜極多。

武三思曾擔任過天官尚書（吏部尚書）、春官尚書（禮部尚書）、內史（中書令），官居宰相，封梁王，由於受到女皇的寵愛，權勢鼎盛。

武三思本人心術不正，對於剛強正直的朝臣都加以猜疑、排斥，對於會吹牛拍馬的人卻大為欣賞。武三思說：「我不知道什麼樣的人是好人，我只知道對我好的才是好人。」武三思在朝廷中結黨營私，最常勾結在一起的有兵部尚書宗楚客、將作大匠宗晉卿等，此外，侍御史周利用、冉祖雍、太僕丞李俊、光祿丞宋之遜、監察御史姚紹之等五人是武三思的耳目眼線，把外面的消息傳報給武三思，對批評武三思的人便加以誣陷，朝臣們將他們五個人稱為「三思五狗」。

武三思貪污納賄，生活奢侈，喜歡擺場面，真像是暴發戶。武三思的兒子武崇訓封高陽郡王，娶唐中宗的女兒安樂公主為妻，結婚之日，大宴賓客，宰相、親王、文武百官全都邀請，場面的盛大，堪稱空前，從宰相以下，紛紛賦詩，以為慶賀。

武三思在朝廷中霸氣十足，人們把武三思比作曹操、司馬昭，覺得武三思是一個手握大權、擺明要奪皇位的奸雄。

武三思很會討好女皇，又派朝臣輪流到女皇面前建議立武三思為太子，女皇有點心動，曾經默許武三思為太子，但在正式宣布以前，要徵詢一下大臣們的意見。

有一天，女皇召集大臣們開會，女皇說：「朕年老了，但還沒有立太子，朕想挑選一人，你們認為誰最合適？朕心裡雖然有一個人選，但還是想聽聽你們的意見。」

大臣們都猜女皇心中的人選就是武三思，於是有人提武三思，有人附和，女皇看見宰相狄仁傑一語不發，便對狄仁傑說：「國老有何意見？」

狄仁傑用極為慎重的語氣說：「太宗文皇帝歷經艱難，建立基業，理應傳給子孫後代。高宗天皇大帝將廬陵王和皇嗣託付給陛下，陛下現在卻想把天下傳給他族，這恐怕不合天意吧！何況姑侄與母子，哪個關係比較親？陛下立兒子，則千秋萬歲後，可以在太廟裡有牌位，永遠享受子孫祭拜。如果陛下立侄兒，臣未曾聽過侄兒為天子，在太廟裡會供姑姑的牌位。」

狄仁傑提出反對立武三思的理由有二：一是姑姑和侄兒的關係不如母親和兒子的關係親密，二是如果女皇死後，兒子會在太廟裡把母親的牌位和父親的牌位並列，一起祭拜，如果是侄兒，侄兒的太廟裡會供奉父母的牌位，不可能放置已出嫁姑姑的牌位。狄仁傑所說的理由和已死的宰相李昭德所說的理由一樣。

狄仁傑是女皇尊敬的人，狄仁傑的話讓女皇對立武三思為太子的事猶豫起來，於是打消了宣布立太子的行動。

如果要立兒子為太子，該立廬陵王呢？還是立皇嗣呢？女皇不知如何選擇。

過了幾天，女皇召狄仁傑面談，問狄仁傑該選廬陵王，或是皇嗣為太子？

狄仁傑建議將被流放到房州的廬陵王召回京，立廬陵王為太子。

其實，當時擁李派的朝臣們幾乎有一個共識，那就是如果要立太子，以廬陵王最恰當，所以，狄仁傑的建議實際上是反映朝臣們的意見。

聖曆元年（西元六九八年）三月，女皇下令將廬陵王李顯從房州悄悄地接回洛陽。

唐中宗李顯在光宅元年（西元六八四年）被廢為廬陵王，流放到房州（湖北房縣）。

廬陵王在房州過著被軟禁的生活，除了妻子韋氏和幾個婢女之外，就是女皇派來監視他的衛士。他不能和外界人士接觸，也不能外出遊玩，每天困坐室內，心中十分煩悶。更可怕的是自己完全不能掌握未來，每次聽說洛陽有使者來房州，他就嚇得全身顫抖，因為他害怕母親派人送來毒藥或賜死的詔書。

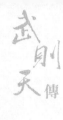

盧陵王用發抖的聲音對妻子韋氏說：「給我一包毒藥，我先自殺算了。」

韋氏扶住盧陵王，溫柔地安慰道：「別怕！等使者來了再說，也許什麼事也沒有。」

盧陵王點頭道：「但願如此。」但心裡想到的卻是他的哥哥太子李賢被殺的情形。

不久，使者到了，並沒有帶來毒藥或賜死的詔書。

洛陽的使者來一次，就給盧陵王帶來一次恐懼和痛苦，幸好十幾年過去了，盧陵王保住了命。

女皇終於下令將盧陵王召回洛陽，從房州到洛陽的旅程是很秘密的，不但沿途州縣的官吏未曾發現，連房州的官吏也被瞞住。盧陵王進宮也極為保密，朝廷官員毫無所悉。

女皇召狄仁傑一人進宮，商談立太子的事，狄仁傑堅決主張立盧陵王為太子，說得慷慨激昂，滿臉通紅，女皇看到狄仁傑的模樣，深深覺得狄仁傑是個正直剛強的社稷之臣，便向後方揮了揮手。

兩個宦官引著盧陵王從帳幕後走了出來。

女皇笑著對狄仁傑說：「還卿儲君。」

狄仁傑看見盧陵王出現在眼前，一時楞住了，他沒有想到盧陵王能夠回到洛陽，這是日夜盼望的事，竟然成真。他高興地望著十幾年未見的盧陵王，張開嘴笑著，眼淚卻不自地流滿了臉。

女皇看見狄仁傑喜極而泣的表情，也大為感動，對盧陵王說：「快拜謝國老吧！是國老讓你回宮的。」

狄仁傑摘下了頭冠，跪在地上，不斷磕頭，不斷哭泣。

女皇命身旁的宦官將狄仁傑扶了起來。

看著這個老宰相很困難地爬起來，女皇心中有無限的感慨，對狄仁傑說：「卿真是社稷之臣啊！」

狄仁傑對女皇說：「王回洛陽是大事，朝臣們不可不知，應該讓朝臣們在正式場合見到王。」

於是，女皇悄悄將盧陵王送到城外的龍門，命文武百官到龍門去歡迎盧陵王回來。

盧陵王回洛陽的事在朝廷中激起了波濤，大家議論紛紛，盧陵王是否會被立為太子？皇嗣的地位如何？武承嗣、武三思又有什麼反應？朝臣們感覺到這是政局轉變的時刻。

這件事影響最大的是武氏兄弟，盧陵王返回洛陽無疑是降低了武承嗣、武三思成為太子的可能性，這當然會讓武氏兄弟倍感緊張。

聖曆元年（西元六九八年）八月，武承嗣在憂鬱的情緒下病死了，武家角逐太子寶座的人只剩下武三思一人了。

立太子之事像箭在弦上，女皇覺得不能不作一個決斷了。

三十五、廬陵王登上太子寶座

聖曆元年（西元六九八年）九月，皇嗣李旦表示願意放棄皇位繼承權。於是，女皇正式宣布立廬陵王李顯為太子，李旦取消皇嗣的頭銜，改封為相王。

經過八年多時間爭奪的太子寶座終於有了結果。

為什麼女皇最後決定立兒子李顯為太子而捨棄了侄兒武三思呢？當然，最重要的原因是女皇聽從了宰相狄仁傑的勸告。不過，也有其他原因促成了這事。

有一個傳說的故事：

女皇有意立武三思為太子，有一年，武三思得到一個美貌如天仙的妓女，名叫倚娘，唐朝富貴人家是可以養家妓的，家妓經常是貌美而有才藝的女子，供主人娛樂賓客。武三思得到倚娘，便宴請大臣們，客人們都準時到了，只有狄仁傑沒有出現。

宴會開始，武三思很不高興地對客人們說：「狄仁傑不來，太看不起我了，我要置他於死地，那太容易了。」

第二天，有個參與宴會的人把武三思生氣的話告訴狄仁傑，並且對狄仁傑說：「你是社稷重臣，犯不著為這個小事和武三思結仇，不如去道歉一聲，也就沒事了。」

過了幾天，武三思又在家宴請大臣們，這一次，狄仁傑提早到了武三思家，其他客人還沒來，狄仁傑對武三思說：「上次承蒙邀宴，我因為家中有事，不能前來，還請多多原諒。」

武三思看到老宰相滿臉笑容在陪罪，心裡很高興，便說：「沒有關係，我上次請客，是因為得了一個美貌又多才藝的女子，要請大家一起來喝喝酒，享受一下她的表演，並沒有別的事。」

狄仁傑道：「恭喜，恭喜！現在王爺可不寂寞了。」

武三思道：「老相爺上次沒看到，我把她叫出來。」

於是，武三思吩咐僕人去召喚倚娘。過了不久，僕人回來報告說，找不到倚娘。

武三思不相信倚娘會失蹤，便親自去找，找遍各處都沒發現倚娘，最後，來到花園一個角落的一個小閣樓，這小閣樓是武三思的秘密藏寶處，一般人是不准進入的。武三思忽然聽到小閣樓裡有人聲，他很奇怪，小閣樓的門是鎖的，誰跑進去了呢？

「是誰在裡面？」武三思對著小閣樓叫喚。

閣樓裡傳來倚娘的聲音：「我是倚娘，我並非凡間之人，乃是天上花月之妖，天帝派我來到人間，前來武家，天帝眷念李氏，天意不可違。我勸你勿存異志，這樣才可以永保富貴，如若不然，武家將全被消滅。狄公是國之重臣，我不敢去見他，安定李氏天下的，就是此人。」說完，就沒有聲音了。

武三思打開小閣樓，裡面並沒有倚娘。只得回到客廳，向狄仁傑說，倚娘生了病，不能出來見客。

第二天，武三思進宮見女皇，向女皇報告昨天的奇事。女皇聽後，覺得天意在李氏，便決意立李顯為太子。

這個傳說故事明顯是虛構的，倚娘所說的話不利於武三思，武三思怎麼會把倚娘的話報告女皇。這段故事必定是擁李派的人編造出來的，不足為信。

還有一個傳說：

有一天，女皇做了一個夢，夢見一隻毛色鮮豔、體形巨大的鸚鵡，正在展翅飛翔，發出叫聲。女皇平日喜歡鸚鵡，宮中養了許多鸚鵡，但從未見到如此美麗又巨大的鸚鵡，所以心中十分高興。正凝視著在空中飛翔的鸚鵡時，忽然，鸚鵡一聲慘叫，墜落地上。

她趕緊跑上前去，發現鸚鵡的翅膀斷了，她急得大叫，於是夢醒了。

第二天，女皇把自己的夢講給狄仁傑聽，要狄仁傑來解這夢是凶是吉？

狄仁傑沉思了一下，說道：「鸚鵡的鵡和陛下的姓同音，這鸚鵡就是陛下，鸚鵡在天上飛翔，忽然墜地，是因為兩個翅膀折斷。陛下有兩個兒子，這兩個兒子如果被廢掉，豈不像陛下的兩個翅膀折斷了嗎？所以，陛下的夢是天意在示警，不要把翅膀折斷啊！」

女皇覺得狄仁傑說得有理，便決定立兒子為太子。

在《新唐書．狄仁傑傳》裡也記載一個夢的故事：

有一天，女皇夢見和人玩「雙陸」。「雙陸」是唐朝流行的一種賭博性遊戲，女皇每次都輸。第二天，女皇問狄仁傑和王方慶，這夢是什麼徵兆？兩人異口同聲地說：「『雙陸』不勝，是宮中無子。這乃上天假藉雙陸暗示陛下，儲君之位不可長久空缺。太子是天子的根本，根本不立，天子的地位也不穩固。陛下如立廬陵王，則千秋萬世就能安享太平了。」女皇聽了這番話，心中有些感悟，決定立廬陵王為太子。

女皇想要立廬陵王為太子似乎成為定局之時，又出現了一股推的力量，這推的力量竟是來自女皇的男寵張易之、張昌宗。

三十五、盧陵王登上太子寶座

當時，張易之、張昌宗兄弟深得女皇寵愛，權勢赫赫。天官侍郎（吏部侍郎）吉頊和張氏兄弟十分親近，有一天，吉頊和張氏兄弟在一起聊天，張昌宗對自己受到女皇過分寵愛，感到有些不安，他覺得他們兄弟二人的榮華富貴有點不踏實，深怕哪一天這榮華富貴就消失了。

吉頊說：「五郎、六郎的權勢是依靠皇上而來的，現在皇上年紀老了，如果有天不在了，你們失掉依靠，那時，你們的權勢也就不容易保住了。」

張易之道：「不錯，我們正是為此感到憂慮。」

吉頊說：「既然這樣，你們要自己建立功勳，自己有了功勳，你們就是國家的功臣，你們的權勢就穩固了。」

張昌宗說：「你說的對，但是我們兄弟又不會領兵打仗，怎麼建立功勳呢？」

吉頊笑一笑，說：「比領兵打仗更大的功勳啊！如今太子之位還懸缺著，武三思極力爭取，但朝廷大臣中多數是傾向盧陵王的，如果五郎、六郎你們能在皇上面前表態支持盧陵王，將來盧陵王得位，你們豈不就是擁戴的功臣嗎？這個功勳可夠大啊！」

張易之、張昌宗覺得有道理，便向女皇建議立盧陵王為太子。

張易之、張昌宗是女皇的男寵，枕邊細語，最有效力，這對立盧陵王為太子的事是有助力的。

然而，立廬陵王為太子的事臨門最後一腳卻是外力。

萬歲通天元年（西元六九六年）契丹的李盡忠、孫萬榮起兵反叛，先後攻陷了營州、幽州、趙州等地，在河北地區，造成極大的騷動，契丹兵曾發布一個文告，說明反叛的原因，在文告中明白要求「還我廬陵」。後來契丹的亂事平安了。

到了聖曆元年（西元六九八年）八月，突厥也出了問題。

原來突厥要求和親，這次和親不是突厥的首領娶漢人的公主，而是突厥的首領要求把女兒嫁給漢人的皇子。女皇於是安排武承嗣的兒子武延秀去娶突厥默啜可汗的女兒。武延秀到了突厥境內，默啜可汗拒絕武延秀前來迎娶，默啜可汗說：「我世世代代受李氏大恩，所以我要把女兒嫁給李氏，為什麼是武家的男人來娶親？我聽說李家只剩兩個兒子還活著，我要出兵幫助李家的兒子復位。」

於是，默啜可汗起兵，攻陷了河北地區幾個州縣，情勢越來越嚴重。

契丹和突厥起兵都以廬陵王為名，外國的壓力讓女皇產生危機感，於是在突厥起兵後一個月，便正式宣布立廬陵王為太子。

當八月間突厥起兵時，中央派人到河北地區去募兵，應募的人很少，不到千人。九月，盧陵王被立為太子，女皇下令以太子為元帥，百姓聽說太子復出，紛紛響應，幾天之內，應募者多達五萬人。

其實，太子李顯只是掛名元帥，並未親自出征，女皇派狄仁傑為河北道行軍元帥，是真正指揮軍隊的司令官。狄仁傑從洛陽出發，女皇親自送行。

這時，突厥已經把河北地區幾個州縣搶掠一空，聽說盧陵王被立為太子，又掛帥出征，便撤兵退去。

當狄仁傑領兵到達河北時，突厥已經退兵，狄仁傑的工作變成安定河北地區的民心，讓社會恢復秩序。

三十六、控鶴監和奉宸府

女皇寵愛張易之、張昌宗兄弟，聖曆二年（西元六九九年）正月，女皇設立了一個新機關，取名「控鶴監」，任命張易之為控鶴監的長官，張昌宗、吉頊、田歸道、李迥秀、薛稷、員半千等政府官員為控鶴監內供奉，內供奉也是女皇創立的官名，就是在宮內陪伴女皇之官。員半千受派任後心中感到不舒服，便上奏章給女皇，員半千的奏章說，自古以來從未有控鶴監這個機關，而且也從未聽說有內供奉這個官名，現在所任命的控鶴監內供奉多是輕薄之人，這個機關應該撤銷。

女皇當然不會同意員半千的奏請，既然員半千不識相，就不必擔任內供奉，於是，把員半千降級為水部郎中。

為了附庸風雅，女皇命張昌宗為控鶴監的修書使，負責編修《三教珠英》，《三教珠英》是把儒、釋、道三教的經典中精華的文字彙集起來。為了編修《三教珠英》，女皇命令幾個精通文史的朝臣如張說、徐堅、閻朝隱、沈佺期、劉知幾等二十六人進入內殿，參加編修工作。當然，這些文學之士中有許多人和張易之、張昌宗等弄臣的風格是完全不同的，他們看不慣控鶴監內那些男寵弄臣們的作風和嘴臉，但他們不能不接受女皇的命令。

女皇要這些文學之士進入控鶴監工作還有一個隱藏性的目的，那就是想要培養一個以張易之兄弟為首的新政治集團。這種方法早在女皇剛坐上皇后寶座時就用過，當年武后曾用過一批文學之士作為北門學士，北門學士們後來成為支持武后的一股政治力量。女皇想起從前的經驗，於是也派任了一批文學之士進入控鶴監，藉編修新書之名，組成一個政治集團。

然而，張易之兄弟二人既無才，又無德，這二十六位文學之士中除了吉頊、李迥秀、李嶠、閻朝隱等少數幾人，願意成為張易之、張昌宗的黨羽之外，大多數的人都不肯依附張氏兄弟。

聖曆二年（西元六九九年）二月，女皇到嵩山遊玩，經過緱氏縣，拜謁了升仙太子廟。根據漢朝劉向的《列仙傳》記載，升仙太子乃是周靈王的太子晉，太子晉曾到河南各地遊玩，遇到浮丘公，兩人談得十分投機，於是相約隱居於嵩山，在深山之中三十多年，人們到山上找他，卻是找不著。有一天，太子晉忽然出現在他一個朋友桓良的面前，讓桓良大吃一驚。太子晉對桓良說：「請你轉告我的家人，七月七日在緱氏山山頂等我。」七月七日那天，太子晉的家人來到緱氏山山下，看到緱氏山十分陡峭，爬不上去，便站在山腳下，仰望山頂。過了不久，太子晉騎了白鶴，來到山頂，和眾家人揮手，白鶴載著太子晉飛上天。

太子晉騎白鶴升天本是傳說的故事，女皇對這故事很感興趣，親筆寫了一篇「升仙太子碑」。

女皇回宮後，仔細觀看張昌宗，覺得他長得好美，像仙人一般，於是不自覺地把張昌宗比作升仙太子。於是女皇命人雕刻了一個大木鶴，雙翅展開，命昌宗穿上羽毛衣，手拿著笙，騎上木鶴，好像要飛上天的樣子。女皇召了許多朝臣進宮來觀看，大家拍手喝采，紛紛作詩慶賀。

女皇雖然已經七十多歲了，但她似乎覺得生活越來越有趣了，不但權力慾望得到大大的滿足，而且皇宮裡夜夜笙歌，有年輕貌美的少年男寵陪伴，這種生活真是人間仙境，她捨不得放棄。但是，她知道自己年紀已老，恐怕來日無多，於是，她和秦始皇一樣，想到長生不死之藥。

在江西南昌有個叫胡超的和尚，自稱能配長生之藥，女皇大喜，命胡超配藥，費用多少，在所不惜。

聖曆三年（即久視元年，西元七〇〇年）胡超把長生之藥配好，耗時三年，花費上億金錢。女皇服用長生之藥，感覺很舒暢，宣布改年號為久視，久視一詞出自《老子》：「深根固柢，長生久視之道。」所以，久視就是長生的意思。

久視元年六月，女皇把控鶴監改名為奉宸府，宸代表皇帝居住的地方，奉宸府就是侍奉皇帝的機關，以張易之為奉宸令，就是奉宸府的首長。

奉宸府擺明是侍候女皇享樂的機關，張易之兄弟便想盡辦法讓女皇沉醉在吃喝玩樂之中。

漸漸地，女皇覺得年輕的男人活力十足，令她歡樂，於是，下令徵召美少年為奉宸府的內供奉，這個舉動就像男皇帝下令物色美女為妃嬪一樣。右補闕朱敬則看不過去，便上奏章說：「陛下的內寵有張易之、張昌宗就足夠了，最近聽說右監門衛長史侯祥等人不知羞恥，在外面公開宣稱自己陽具壯偉，要毛遂自薦，到奉宸府當內侍奉。這事既無禮又不成體統，現在已經傳開了，朝野盡知。臣擔任右補闕，職責就是諍諫，所以，有這種傳聞，不敢不奏。」

女皇看了朱敬則的奏章，便對朱敬則說：「如果不是卿直言，朕還不知道有這等事。」

於是，女皇賜給朱敬則綵絹百疋，以示獎勵。

女皇真的不知道嗎？這是很難令人相信的，奉宸府選召美少年是女皇自己決定的，她向來在外面眼線極多，消息靈通。她對朱敬則說：「朕還不知道這等事。」又賞賜朱敬則，乃是女皇找台階下，一個政治領袖當發現自己站錯了位置時，要懂得找台階下來，不要踩空跌倒。女皇賞賜朱敬則表示自己是一個納諫的賢君，原本做錯了事，現在反而可以博得美名，女皇真是懂得政治的技巧啊！

張易之、張昌宗引女皇在後宮玩樂和控鶴監、奉宸府內部荒淫污穢之事，傳播出來，成為街頭巷尾人們私下談論的話題。

有一天，太子李顯的兒子邵王李重潤和他的妹妹永泰郡主、妹夫魏王武延基在一起聊天，談起宮中淫亂的事情，他們三個人都認為張易之兄弟不應該進入宮中，讓原本神聖的皇宮變成聲色場所，張易之兄弟真是罪人。

郡王李重潤兄妹聊天的時候，隔牆有耳，被人竊聽了，於是竊聽的人密報張易之，張易之心裡有些害怕，因為李重潤是太子李顯的長子，在唐高宗晚年時，李重潤被立為太孫，所以李重潤是未來皇位的接班人，張易之的恐懼是如果未來李重潤登上皇帝寶座，他們兄弟就必然被論罪，那時已經沒有女皇保護他們，他們的下場一定非常可怕。為了自保，張易之決定請女皇下重手。

到了晚上，張易之在後宮侍候女皇。

女皇發現今晚張易之神色不對，那種歡樂的笑容沒有了，換成一副愁眉苦臉的樣子。女皇問張易之：「你今天為什麼不高興？發生了什麼事？」

張易之立刻跪下來，手摸著女皇的膝蓋，仰起頭說：「我不敢說。」

女皇摸摸張易之細白的嫩臉，笑著說：「你說什麼朕都不會怪罪你，說吧！」

張易之眨眨眼，輕聲地說：「邵王李重潤和永泰郡主、魏王武延基三個人在批評陛下，說陛下荒淫無道，不配做皇帝。」

女皇一聽，勃然大怒，她一直努力想學唐太宗，做一個聖賢明君，現在孫子、孫女竟然把她說成荒淫無道，是可忍，孰不可忍！

第二天，女皇召見太子李顯，用嚴厲的口氣說：「你的兒子重潤和女兒永泰郡主在罵朕，你知道嗎？」

太子李顯一聽，嚇了一跳，罵女皇，那可不得了，趕緊跪下說：「兒不知道。」

女皇鐵青著臉說：「可見你管教不嚴，你該重重地處罰這兩個小畜牲。」

太子李顯不斷地叩頭：「是，是，請母皇饒恕他們一次，下次再犯，一定重責。」

女皇一拍桌子：「下次？還有下次嗎？有一次，就會有二次、三次，那不是和逆黨一樣嗎？你的兒女，你要怎麼處置，你看著辦吧！」

女皇怒氣沖沖地站起來，走了。

李顯伏在地上，全身顫抖。他對母親原本就十分畏懼，看到母親大發脾氣，讓他想起十幾年前自己從皇位上被拉下來的情景，一股寒意，直通腦門，他幾乎暈厥過去。

回到家裡，李顯立刻把兒子李重潤和女兒永泰公主找來，告訴他們發生的事情，李顯沉痛地說：「皇上的意思很明顯，是要你們死！」

「爸爸！」重潤和永泰郡主同時哭倒在地。女皇是他們的祖母，這世界上竟有如此狠心要孫子、孫女的命的祖母，這是什麼世界啊！

李顯把兒子、女兒抱在懷裡，三個人放聲痛哭。

最後，太子李顯逼令兒子、女兒自殺。

手摸著兒子、女兒的屍體，李顯的淚水像止不住的瀑布，他為兒女悲傷，也為自己悲哀，他為什麼要經歷如此悽慘的人生？他痛恨降生在這個家裡！

三十七、明堂之誓

太子之位既定，李家站上了正統的地位，將來會不會和武家發生政治權力爭奪戰？這是女皇內心擔憂的問題。

聖曆二年（西元六九九年）七月，女皇召集了兩個兒子（太子李顯和相王李旦）、女兒太平公主和武家的侄兒、侄孫們，一同齊集在明堂。

早在去年年初，女皇已經賜太子李顯姓武，而相王李旦則在把皇位讓給母親時，就自請改姓武，至於太平公主則嫁給武攸暨，所以，這一天在明堂聚集的在名義上都是武家的人。但是，女皇心裡明白，太子和相王都是在特殊的環境下不得不改姓武，並非自願姓武。

事實上，無論是法律的規定和社會習慣的認定，在中國古代都沒有從母姓，只有從父姓，所以太子、相王和全國臣民仍舊都認為太子和相王是李家人。

女皇命令兒子、女兒、侄兒、侄孫們在明堂的正廳並排跪下，祭拜天地，接著要他們宣讀一份事先準備好的誓詞，誓詞的內容在強調李、武兩家和睦相處，互愛互助，永不相爭。

宣誓完畢，女皇又帶了兒子、侄子們到史館，史館內陳列了一塊鐵牌，鐵牌上刻著他們剛才宣讀過的誓詞。女皇告訴他們，誓詞已經列入史館紀錄，以後不可違背誓詞。

誓約是立了，但是會不會遵守，女皇也沒有把握。以女皇自己的想法，政治權力高於一切，誓約如果和政治權力抵觸，誓約只是空話而已，所以，女皇對於明堂誓約並沒有抱什麼信心。

宰相吉頊原是張易之、張昌宗身邊的紅人，又得到女皇的信任，所以官位步步高升，最後做到宰相。久視元年（西元七〇〇年）吉頊被貶到偏遠地區做小官，被貶的原因是和女皇的侄孫武懿宗發生爭執。

有一天，吉頊和武懿宗在女皇面前爭論，去年將突厥趕出趙州誰的功勞大。吉頊長相魁梧口才敏捷，武懿宗個子矮小而且有些駝背，吉頊有點看不起武懿宗的表情，聲色凌厲，女皇看了很不高興，說道：「吉頊在朕面前都輕視我們武家的人，何況將來豈可倚賴嗎？」

過了幾天，吉頊向女皇報告政務，正在引經據典，大發議論，女皇發起脾氣來，指著吉頊說：「你所說的，朕早就聽過，不必多言。當年，太宗皇帝有匹馬，名叫獅子驄，體偉雄壯，無人能駕馭牠，朕為宮女，侍候在太宗皇帝身邊，朕對太宗說：『妾能制之，但需要三件東西，一是鐵鞭，二是鐵錘，三是匕首。用鐵鞭打牠，如果牠不服，用鐵錘敲牠的頭，如果還是不服，用匕首割斷牠的咽喉。』太宗稱讚朕的強壯手法。今天，你豈足以污朕的匕首嗎？」

吉頊聽到女皇的訓斥，知道女皇把自己比作不馴服的馬，要用匕首來對付他，嚇得膽戰心驚，汗流浹背，跪伏在地上，求女皇饒命。

女皇看吉頊驚恐的樣子，就喝令吉頊退回去，吉頊算是保住了命。

武家的人痛恨吉頊站在太子那邊，覺得對武家是不利的，一定要除去。於是告發吉頊的弟弟假造資歷而升官的弊案，這個弊案讓吉頊受到牽連，吉頊被貶，流放到邊遠的州縣當一名小官。

吉頊在離開洛陽之前，要求親向女皇辭行，女皇答應了，召見吉頊。

在皇宮的內殿，吉頊見到女皇。吉頊淚流滿面說：「臣今日遠離朝廷，永遠沒有再見到陛下的日子了，臣想向陛下說句話。」

女皇看吉頊哭得可憐，便要宮女拿來一把椅子，讓吉頊坐下來，溫和地對吉頊說：「不要激動，有話慢慢講。」

吉頊說：「一杯水，一塊土，這兩樣會爭鬥嗎？」

女皇說：「水是水，土是土，各不相干，當然不會爭鬥。」

吉頊說：「把水倒在土裡，攪和成泥，水和土會爭鬥嗎？」

女皇說：「水和土融合在一起，當然沒有什麼要爭鬥的。」

吉頊說：「把這塊泥分為兩半，一半塑造為佛像，一半塑造成玉皇大帝，會有爭鬥嗎？」

女皇想一想，說道：「佛像是佛教，玉皇大帝是道教，會有爭鬥呀！」

吉頊趕快跪下說：「宗室和外戚各守自己的本分，則天下太平安定。現在雖然已立了太子，但太子人單勢弱，而外戚個個都封王，勢力強大，這是陛下使他們雙方未來必有爭鬥，雙方都不能平安啊！」

女皇嘆一口氣說：「朕也知道未來雙方會有爭鬥，但是情勢已經到了這個地步，變不回來了！」

吉頊告辭出宮，黯然到遙遠的邊區去了。

第二年，大足元年（西元七〇一年），有個叫蘇安恆的人給女皇上了一道奏章，蘇安恆說：「陛下受先帝的託付，受兒子的推讓，敬天順人，登上皇位，二十年了。陛下一定知道帝舜讓位給禹，周公旦擁成王復位，舜是禹的族親，周公旦是周成王的叔父，族親和叔父尚且如此愛護晚輩，母親對兒子的愛不是更深嗎？現在，太子是非常孝順的，又是正值壯年，如果讓太子來統御全國，這和陛下親身領導有什麼差別呢？陛下年壽高，國家政務繁雜又沉重，實在勞心傷神，何不讓位給太子，陛下可以安然享受人生的樂趣，常保聖體健康。觀察以前歷代治理天下，從來沒有兩個不同姓的家族同時封王的，現在梁王武三思、定王武攸暨、河內王武懿宗、建昌王武攸寧等都是承受陛下的蔭庇而封王，臣覺得陛下千秋萬歲之後，會造成麻煩，臣請求陛下將他們降封為公或侯，把他們安置在不重要的官位上。臣又聽說陛下有二十幾個孫子，至今沒有封過他們任何爵位，這恐怕不是長久之計，臣請陛下封給他們王爵，為他們選擇老師，教導他們孝敬的道理，讓他們輔佐周室，作為皇家的屏藩，這樣才是美好的事。」

如果在十年前，女皇看到像蘇安恆這種奏章，竟敢勸自己退位，又要壓制武家，必然大發怒氣，一定將上奏章的人處死。但是，現在女皇已經快八十歲了，她自知來日無多，必須多考慮一下身後之事如何安排了，於是，她看了蘇安恆的奏章，並沒有生氣，

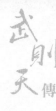

反而覺得是該想一想，便召見了蘇安恆，賜給食物，加以慰勉。

過了半年多，蘇安恆又上奏章說：「臣聽說天下者，高祖、太宗的天下也，陛下雖在皇位，實在是承受唐朝的舊基業。如今太子既已蒙召回，年齡已長，品德也好，陛下貪戀皇帝的寶座而忘記母子深厚的恩情，將來用什麼面目來見唐家的祖先？在高宗皇帝的陵墓前如何交待？陛下為什麼要日夜憂慮國家大事，而不知道是走在幽暗的黑夜中嗎？臣以為天意人事都顯示，權位要歸還給李家，陛下現在雖安穩地坐在皇位上，殊不知物極則反，器滿則傾。臣知道說這些話很危險，但臣不惜自己的性命，臣顧念的是國家的安危。」

蘇安恆的奏章幾乎在逼宮，很容易被指為大逆不道，不但本身會不保，甚至會被族誅。但是，很奇怪，女皇竟然容忍下來，沒有懲罰蘇安恆。

蘇安恆敢於冒死一再上奏章請女皇退位，讓太子復位，其實反應了朝廷中多數大臣們的心意，而女皇一再容忍蘇安恆的逼迫，也是感覺到大臣們中擁護李家的勢力相當強大，無法壓制了。

這時女皇心裡最擔憂的事，就是吉頊臨別之前所說的李家子孫和武家子孫互相鬥爭，李家子孫是她的兒孫，武家子孫是她的侄孫，手心和手背都是她的肉，她不願意看到兩家鬥得遍地流血。但是，就政治利益來說，李家和武家的政治利益是相衝突的，李家權勢強一定會讓武家趨於弱小，武家權勢強必然會威脅到李家的政權，雙方為了鞏固自己的政治權力勢必要打擊對方，在「家天下」的政治體制之下，宗室和外戚的對立是打不開的死結。

三十八、張說明辨是非

女皇的男寵張易之有兄弟五人，除張昌宗也是女皇的男寵外，還有張同休、張昌期、張昌儀，都在朝廷做官，個個趾高氣揚，貪贓枉法，做了很多壞事。舉一個例子：

張昌儀做洛陽縣縣令，洛陽是中央政府所在地，縣令官位正五品上，是中級官員，但張昌儀仰仗著哥哥張易之的權勢，到處請託，政府官員都不敢不接受。有一天早上，張昌儀在上班的路上被一個姓薛的人攔住，拿了五十兩黃金和一張履歷表呈給張昌儀，原來姓薛的是在吏部等候任命做官的人，當時唐朝的制度是取得任官資格者可以到吏部去報名請求任官，這個有任官資格卻尚未任官在吏部等候派令的人稱為「選人」，由於有任官資格的人多而吏部官員空缺的員額少，所以選人往往要等很久，所以，這姓薛的竟公然向張昌儀賄賂，希望吏部趕快給他任官。張昌儀毫不在意地在大庭廣眾下接受了黃金和履歷表。

張昌儀到了吏部辦公廳，將履歷表交給吏部侍郎張錫，囑咐趕快派任官職。過了幾天，張錫發現張昌儀交來的履歷表不見了，便跑去問張昌儀，張昌儀指著張錫大罵道：「你這不會辦事的傢伙，我也不記得他的名字，只知道他姓薛，那麼你將姓薛的都派任官職吧！」

張錫見張昌儀生了氣，心中十分害怕，回到辦公室，查一查等待任官的選人中姓薛的有六十多人，於是，將這六十多個姓的選人全部派任官職。

張易之、張昌宗深得女皇寵愛，張氏兄弟權勢鼎盛，長安二年（西元七〇二年）七月，太子相王、太平公主都請求女皇封張昌宗為王，女皇不允。過了幾天，太子等又請求，女皇乃賜張昌宗為鄴國公。可見太子等人都在巴結張氏兄弟。

在朝臣中，魏元忠是不肯巴結張氏兄弟的硬骨頭。

魏元忠做過洛州長史，是洛州的長官，張昌儀做洛陽縣令，洛陽縣是洛州管轄的縣，縣令要到州衙門聽候長史的命令，習慣上縣令是站在衙門的大廳外面，張昌儀自恃權勢，到了州衙門，總要進入大廳內，和其他縣令不同，魏元忠擔任洛州長史，上任後，發現張昌儀不守規矩，竟跑到大廳上來，便叱令張昌儀站到外面去，張昌儀大失面子，恨死魏元忠。

有一天，張易之的一個家奴倚仗主人權勢，在市場作惡稱霸，洛州的衙役逮住了這個家奴，魏元忠審判，竟用杖將家奴打死了。中國人常說：「打狗看主人面。」家奴就是張易之的狗，魏元忠把狗打死了，真是不給主人面子，張易之當然懷恨在心。

長安三年（西元七〇三年），雍州長史出缺，雍州掌管京師長安四周，地位重要，雍州長史就是雍州的地方首長，女皇想用張易之的弟弟岐州刺史張昌期來接任。

有一天，上朝時，女皇問宰相們道：「誰適合擔任雍州長史？」

這時，魏元忠已經當了宰相，便回答道：「現在的朝臣中，最佳的人選是薛季昶。」

女皇說：「季昶久在中央任官，朕想另外找一個人，張昌期如何？」

張昌期是張易之的弟弟，宰相們都說：「陛下找的人對！」

魏元忠卻表示反對，說：「昌期不合適。」

女皇好奇地看著魏元忠，問道：「為什麼？」

魏元忠答道：「昌期年紀太輕，並不擅長治理地方，他任岐州刺史，岐州老百姓都快逃亡光了，雍州是皇帝京城所在，地方事務繁多，不如薛季昶強幹老練。」

於是，女皇不再說話。

當然魏元忠的舉動又得罪了張氏兄弟。

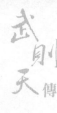

張易之、張昌宗的敵人是魏元忠，深恐女皇去世後，魏元忠會殺他們，於是，他們決定要除掉魏元忠。

有一天晚上，張昌宗單獨一人在陪伴女皇，他為女皇輕輕按摩肩膀，在女皇耳邊說：「陛下對魏元忠如此重用，官至宰相，可是這魏元忠卻不知感恩圖報，竟然在私底下做喪心病狂的事。」

女皇正閉目享受張昌宗的按摩：「哦，做什麼事？」

張昌宗停住了手，說：「魏元忠和司禮丞高戩私下商議說：『主上年紀老了，不如擁護太子才是長久之計。』」

女皇一聽，立刻生氣地問：「此話當真？」

張昌宗趕緊跪在女皇腳前，急促地說：「小人有幾個膽子，敢在陛下面前亂說。不過，陛下不要生氣，氣壞了龍體，那就是小人的罪過了。」

女皇怒沖沖地說：「好，朕明天要給魏元忠好看。」

第二天，女皇下令將魏元忠和高戩關進監牢，並且要魏元忠和張昌宗對質。

張昌宗誣告魏元忠，說魏元忠和高戩秘密商議的事根本就是張昌宗編造出來的。現在女皇要張昌宗和魏元忠對質，張昌宗心虛了，便悄悄地把鳳閣舍人（中書舍人）張說找來。張昌宗和張說原本是舊識，張說曾參加張昌宗領導的《三教珠英》編撰工作。

在張昌宗家裡，張昌宗對張說說：「我遇到一件麻煩事，可否請老兄幫忙。」說著，張昌宗就拿出一大包金銀送給張說，張說站起身來：「下官職卑位輕，無才無德，能幫六郎什麼忙？」

張昌宗便把女皇要他和魏元忠對質的事說了一遍，要求張說在對質時做個證人，證明在旁聽到魏元忠和高戩所說的話。

張說聽了心中一驚，魏元忠是有名正直的大臣，我怎能污蔑一個正人君子呢？不禁猶豫起來。

張昌宗看著張說沉思不語，便說：「張舍人是個聰明人，其中利害你一定很清楚，如果你肯幫忙，我會重重謝你，保你宦海得意，如果你不肯幫忙，後果你自己去想吧！」

回到家裡，張說在良心和現實利害交戰，徹夜未眠。

第二天，女皇召集了太子、相王和宰相們一同聽張昌宗和魏元忠對質。

張昌宗一口咬定魏元忠有說大逆不道的話，魏元忠則堅決否認。張昌宗說，鳳閣舍人張說可以作見證。於是，女皇下令召張說上殿。

這時，張說正在中書省的辦公室內，宦官前來喚張說上殿作證。同為鳳閣舍人的宋璟拉住張說的手說：「名譽和道義最重要，鬼神難欺，不可以附和奸邪、陷害正人君子，以求苟免。你如果得罪了當權者而被流放，你的榮耀才多。如果你因守正而遭難，我會上殿力爭，和你同死。你要努力為之，是否能被萬代瞻仰，就看你今天的表現了。」

這時，殿中侍御史張廷珪也走過來，拍拍張說的肩膀說：「朝聞道，夕死可矣！」

在史館擔任左史的劉知幾也走了過來，嚴肅地說：「不要污穢了青史，為子孫留下罵名。」

張說走上大殿，女皇問是否聽到魏元忠說悖逆的話。張說還沒有回答，魏元忠著急了，對張說道：「張說，你想和昌宗一起羅織魏元忠嗎？」

張說叫起來：「元忠為宰相，為什麼學市井小民說話！」

張昌宗跑到張說身邊，用威脅的語氣說：「你趕快說，趕快說魏元忠如何說謀逆的話，快說！」

張說面對女皇說：「陛下請看，在陛下面前，昌宗尚且如此逼迫臣，何況在外面呢！臣面對滿朝文武百官，不敢不講實話，臣實在沒有聽過魏元忠說過謀逆的話，是昌宗逼臣，要臣來誣陷元忠，做偽證。」

張易之、張昌宗大驚，大聲呼叫說：「張說與魏元忠同反。」

女皇望了張易之一眼：「怎見得？」

張易之說：「張說曾稱元忠為伊周，伊尹把太甲驅逐出去，周公攝王位，這不是謀逆是什麼？」

張說立刻接口道：「易之兄弟只聽說伊周就認為謀逆，根本不懂伊周是何許人。當元忠初任宰相之時，臣前往道賀，元忠對大家說：『無功受寵，不勝慚懼。』臣說：『你居伊周的重用，穿上三品的紫衣，又有何愧？』想伊尹和周公都是大大的忠臣，古今仰慕的人物，陛下用宰相，不使他學伊尹、周公，那要學誰呀？臣豈不知今天如果依附昌宗，立刻可以做宰相，臣依附元忠，立刻會遭到族滅，但臣害怕元忠的冤魂，所以不敢誣陷他。」

張說把事情說得十分清楚，誰是誰非，極容易判斷，女皇如何處置呢？

三十九、馬懷素公正守法

張說把事情說得清楚，女皇心裡明白張昌宗兄弟想要除掉魏元忠才要張說來做證人，沒想到張說改變主意，不肯誣陷魏元忠，卻當眾揭發張昌宗的詭計，這錯當然是張昌宗。但是，張昌宗是她身邊最寵愛的人，她豈能不袒護自己最寵愛的男人？反正，誣陷對女皇來說是家常便飯，於是，女皇板起臉來責備張說：「張說是反覆小人，一起囚進監獄。」

於是，張說和魏元忠同被囚禁起來。

第二天，女皇把張說提進宮來，親自審問，張說的回答和昨天一樣，惹得女皇大怒，命宰相們和河內王武懿宗共同審問。

在宰相們和武懿宗面前，張說沒有改變說辭。

宰相朱敬則向女皇上奏章說：「元忠素稱忠正，張說入獄並沒有罪名，如果將這二人判為有罪，將失民心。」

從前兩度上書請女皇退位的蘇安恆也上書說：「陛下登基之初，人們都以陛下為納諫之主，但近年以來，人們卻認為陛下是愛聽讒言之主。自從魏元忠下獄，街頭巷尾，議論紛紛，民情沸騰，都認為陛下寵信奸佞，斥逐賢良。正直忠臣私下裡憤恨不已，但在朝廷之上卻不敢開口，因為怕忤逆張易之等，徒然招來死亡之禍。現在賦役繁重，民不聊生，加上進讒言者當道，政府的賞罰不公，臣恐怕民心不安而生變，請陛下三思。」

蘇安恆指明張易之等的為害，令張易之大怒，要殺蘇安恆，幸虧宰相朱敬則和其他朝臣力保，才勸止了張易之不要請女皇處死蘇安恆，讓蘇安恆逃過一劫。

過了幾天，魏元忠案宣判，魏元忠、高戩、張說全都流放到嶺南地區。

這個判決絕對是錯誤的，被誣告的人定為有罪，誣告者則全然無罪，這種冤案在中國古代君主專制政體之下層出不窮，由於皇帝擁有超越法律的絕對權力，所以皇帝的詔令高於法律，於是，任何公理、良心、法律、道德都敵不過皇帝的意志。

魏元忠向女皇辭行，女皇予以接見。魏元忠對女皇說：「臣老矣，今天到嶺南去，九死一生，以後陛下必有思念老臣的時候。」

女皇好奇地問：「為什麼？」

這時，張易之和張昌宗侍立在女皇兩旁，魏元忠指著張氏兄弟說：「這兩個小兒終將禍亂天下！」

魏元忠說完就下殿而去。

張易之、張昌宗趕緊跪在女皇面前稱冤，女皇用手拉起這兩個男寵，笑著說：「算了吧！元忠走了，不必擔心啦！」

魏元忠無罪受冤，殿中侍御史王晙要上奏章為魏元忠申冤，宋璟對王晙說：「魏公僥倖得以保全性命，現在你又冒險去觸犯皇上的怒氣，不是自討苦吃嗎？」

王晙回答道：「魏公忠正而獲罪，我激於義憤，雖死無恨。」

宋璟嘆口氣道：「我宋璟不能替魏公申冤，實在是有負朝廷啊！」

魏元忠離開洛陽，要往數千里外的嶺南去了，太子僕崔貞慎等八個人在洛陽郊外的路上為魏元忠餞行。張易之知道了這消息，就偽造了一個告密函，告密人的名字叫柴明，告崔貞慎等人與魏元忠謀反，這種告密和當年酷吏橫行時的方式如出一轍。

女皇接到告密函後，命監察御史馬懷素審理此案，女皇對馬懷素說：「事實俱在，你只要略加審問就可以了，快點把結果呈報上來。」

馬懷素回到辦公室，將告密狀仔細閱讀，發現疑點甚多，派人將崔貞慎等八人傳來詢問，八個人異口同聲否認謀反，都說他們是魏元忠的親戚故舊，魏元忠被貶官到嶺南，路途遙遠，嶺南的生活環境很壞，魏元忠年紀老邁，此一去恐怕會客死嶺南，再也見不到面了，所以到洛陽郊外，魏元忠經過的路上，為他餞行，這可能是人生的最後一次見面了。加上魏元忠一生忠君愛國，為國家立了許多功勞，現在年紀老了，失去了雄心壯志，他們怎麼可能和魏元忠商議謀反呢？

馬懷素覺得崔貞慎等講的有理，想找告密人柴明來問話，卻不知柴明這個人在哪裡。

這時，女皇三番五次派人來催馬懷素，馬懷素卻一直沒作出審判的結果。女皇忍不住了，召見馬懷素，責問為什麼還不結案。馬懷素對女皇說：「臣要找告密人柴明來，和崔貞慎等人對質，但找不到柴明，不知道柴明在哪裡。」

女皇說：「朕也不知道柴明在哪裡，但是沒關係，你只要根據告密狀來審理就好了，何必找告密人？」

馬懷素將崔貞慎等人的供詞報告女皇，女皇生氣地說：「卿想放縱謀反者嗎？」

馬懷素嚴肅地答道：「臣不敢放縱謀反的人。魏元忠以宰相而被貶官到遙遠的去，崔貞慎等人因為是親戚故舊的關係，追到郊外，為他送行，這是人之常情，如果就此誣陷他們謀反，臣實在不敢做。從前，在西漢初年，彭越因謀反被殺，漢高祖下令不許任何人前去探視和收屍，彭越的舊部下欒布獨自來到彭越屍首之前祭拜，被看守屍體的官吏逮捕，依法應處死，漢高祖覺得欒布是個重義之人，不但赦免欒布的罪，還重用欒布為都尉。魏元忠之罪只是貶官，不像彭越是死罪，漢高祖都赦免了欒布，陛下怎麼反要殺崔貞慎等送行的人呢？而且陛下操生殺大權，如果陛下要加罪魏元忠、崔貞慎等人，陛下自己下一道詔令就可以了。如果要臣來審理，臣不敢不查明真相，把真相稟報陛下。」

女皇說：「你是想保全崔貞慎等人，讓他們免除罪責嗎？」

馬懷素跪下來磕頭道：「臣不想包庇任何人，但臣實在是查不出來崔貞慎等人犯了什麼罪。」

女皇沉默不語，她明知道崔貞慎等人是被誣告的，但張昌宗在後面一再請求她要重辦這案子，她很瞭解張昌宗想藉崔貞慎案，把魏元忠以謀反罪殺掉。不料，遇上了這頑固而不懂揣摸上意的馬懷素，這案子就辦不下去了。女皇回想一想，魏元忠已經年老又貶到遙遠的邊疆去了，已經注定翻不了身，對朝廷也不會有什麼影響力了。如果她自己下詔書殺了魏元忠，恐怕會讓朝臣們批評她度量太小，容不下老臣。算了，就饒了魏元忠吧！

女皇揮揮手，要馬懷素退下。

崔貞慎的案子終於結案，崔貞慎等人都無罪開釋，魏元忠也免去一場災禍。

在朝臣中，鳳閣舍人宋璟是以剛直聞名，有一次，女皇宴請大臣和親貴，當時是按官位高低排席次，張易之、張昌宗都是九卿之位，三品官，宋璟是御史中丞，五品官，於是張氏兄弟的席位在宋璟之上。張易之素來畏懼宋璟，常想討好宋璟。他們看見宋璟的席位在後面，張易之便跑到宋璟面前，作了一個揖，說：「公方今第一人，何以在下坐呢？請到前面，我的位子空著。」

宋璟也作揖回禮，卻冷冷地說：「才劣位卑，張卿以我為第一，是什麼回事？」

這時，天官侍郎（吏部侍郎）鄭杲站在旁邊，對宋璟說：「中丞為什麼稱五郎為卿？」

宋璟說：「以官職而言，他是九卿，稱他卿是名正言順。你又不是張卿的家奴，為什麼稱他為郎？」

宋璟大聲的指責，讓在座的人都大驚失色。

四十、宋璟勇敢抗命

長安四年（西元七〇四年）七月，張易之的弟弟司禮少卿張同休、汴州刺史張昌期、尚方少監張昌儀都因為貪污而下獄，張易之、張昌宗同時被審問，審判官賈敬言做了判決：「張昌宗倚仗權勢，強買民田，應罰銅二十斤。」這個判決是罰錢，不傷害到張昌宗，女皇就批准了。

過了幾天，御史大夫李承嘉、御史中丞桓彥範報告了他們審判的結果：「張同休兄弟共貪污了四千多緡，張昌宗和他們一起貪污，應該撤職免官。」

撤職免官是大事，女皇召集宰相們進宮開會，該如何處理這案子。張昌宗對女皇說：「臣有功於國，所犯的過失不至於免官。」

女皇問宰相們：「昌宗有功嗎？」

宰相楊再思是張昌宗麾下的黨羽，立刻接口說：「昌宗調製金丹，陛下服用之後，龍體康泰，這是莫大的功勞啊！」

女皇聽了十分高興，便道：「昌宗有功，不必撤職免官。」

楊再思的馬屁話救了張昌宗，消息傳到外面，朝臣們紛紛議論，多半不齒楊再思，左補闕戴令言寫了一首兩腳狐賦來諷刺楊再思。

不久，宰相韋安石向女皇檢舉張易之兄弟幹了許多違法的事，女皇下令案子交給韋安石和宰相唐休璟審理。但是過了兩天，女皇下令將韋安石兼任揚州刺史，以唐休璟兼任幽州都督，這樣，將韋安石和唐休璟都調到地方去做官，於是，張易之兄弟的違法案子就不了了之。

唐休璟要離開洛陽之前，悄悄去見太子李顯，唐休璟對太子說：「二張恃寵，野心極大，必將為亂，殿下要小心防備。」

這年十二月，女皇生了病，住在長生殿，宰相們已經有幾個月都見不到女皇，女皇身邊只有張易之、張昌宗。後來，女皇病稍見好轉，宰相崔玄暐才能入宮見到女皇。

崔玄暐看到女皇臉色蒼白，精神不振，從前意氣風發的神情全然消失，覺得女皇的病不輕，心中十分擔憂，便對女皇說：「太子和相王仁明孝友，有他們服侍湯藥就足夠了，皇宮是重要的地方，請陛下不要讓異姓的人進出，以策安全。」

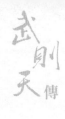

女皇輕聲地說：「謝謝卿的好意。」

崔玄暐見女皇閉起眼睛，便叩了頭，退出宮來。

這時，有一個叫楊元嗣的人告發張昌宗曾召術士李弘泰本相占卜，李弘泰說，昌宗有天子相，勸昌宗在定州造佛寺，則天下歸心。

女皇接到這份告密信，覺得事情嚴重，便命宰相韋承慶和司刑卿（大理卿）崔神慶、御史中丞宋璟三人共同審理。

過了兩天，韋承慶和崔神慶向女皇報告：「張昌宗已經承認李弘泰曾說過這些話，昌宗曾向陛下報告過，依法自首的人就可以赦免其罪。至於李弘泰妖言煽動，請逮捕入獄，依法論罪。」

但是，參與審理這案子的宋璟和大理丞封全禎則不同意只處罰李弘泰而不處罰張昌宗，他們向女皇報告：「昌宗寵榮如此，又召術士占相，他究竟想幹什麼？弘泰稱占卜全是乾卦，乃是天子之卦。昌宗如果認為弘泰是妖佞，為什麼不把弘泰送到官府法辦？雖然昌宗說已報告皇上，終究是包藏禍心，依法當斬首抄家，請求准許將昌宗囚禁起來，徹底查清楚案情。」

女皇聽了宋璟的話，沉思很久，沒有回應。

宋璟見女皇沒有動靜，接著又說：「如果不把昌宗逮捕囚禁，恐怕會動搖人心。」

女皇開了口：「關於這個案子，卿暫時停止審理，等搜集更詳細的文狀資料後再說吧！」

女皇做了明確的指示，宋璟只得退下。

宋璟的力爭立刻引起朝臣們議論，有人認為張易之、張昌宗兄弟得到女皇的包庇，任何攻擊都動搖不了他們，那麼何必多費精神去對抗張氏兄弟，免得惹禍上身。但也有人認為張氏兄弟為非作歹，惡名昭彰，人臣盡忠，應該勇敢除奸。

左拾遺李邕對女皇說：「前幾天宋璟所奏要審判昌宗弟兄，他的用意是在安定社稷，不是為他自己謀求什麼，請陛下同意宋璟的建議。」

女皇完全不予理會。

不久，女皇下了詔書，派宋璟到揚州去巡察和審理案件，接著又下詔派宋璟到幽州去辦幽州都督屈突仲翔的貪污受賄賂案，又下詔派宋璟去甘肅、四川做安撫工作。這一連三次詔書，宋璟都不接受，宋璟把抗命的理由奏報女皇：「臣的官職是御史中丞，是御史台的副長官，依照政府的慣例，如果州縣官犯了罪，品位高的州縣官便派侍御史去辦，品級低的州縣官便派監察御史去辦，御史中丞除非軍國大事，否則都不外出辦事，現在甘肅、四川都沒有變亂，臣不知道陛下派臣外出是何意思？所以，臣不敢接受陛下的這幾次命令。」

女皇主政數十年，對政治傳統習慣和制度運作瞭如指掌，她知道宋璟說的都對，只好不再追究宋璟抗命之事。其實，女皇是想保護張易之、張昌宗，便使出調虎離山之計，把宋璟派到地方去辦事，就不能來追打張氏兄弟了，這種調虎離山之計女皇剛才用過，宰相韋安石和唐休璟要查張氏兄弟，女皇把他們外調，離開中央，於是，案子也就不了了之。沒想到宋璟熟悉政府運用的規則，沒有中計，女皇也只得罷手。

接著，司刑少卿桓彥範也向女皇上奏章說：「張昌宗無功而得到榮寵，但他卻包藏禍心，作非份之想，企圖竊取大位，自己招來災禍，這是皇天降怒，使昌宗的奸謀被揭發，陛下不忍心誅殺昌宗，這是違背天意，會有不祥的結果。昌宗既然說已經奏明皇上，就不應該繼續和李弘泰來往，要李弘泰繼續為他求福消災。這樣看來，昌宗根本沒有悔過之心，他以前向陛下奏明，是預想如果事情被揭發，他可以用已經奏明來脫罪，如果不被揭發，則會等候時機竊取大位，這是奸臣的詭計。如果這件謀逆案都可以不予理會，那麼還能懲處其他的謀逆案嗎？這件案子已經一再被舉發，陛下都不過問，使昌宗越來越得意，覺得他的計謀可以得逞了，天下之人也看到昌宗屢次逃脫危險，會覺得昌宗似乎是有天命之人，這是陛下養成的亂源。如果逆臣不予誅殺，社稷就要滅亡了。請陛下還是把昌宗的案子交付刑部、大理寺和御史台三法司，予以審判，再行定罪。」

這天晚上，女皇用完晚餐後，一個人躺在床上休息，張易之兄弟正在家裡宴客，要等宴會結束，張氏兄弟就會進宮。這段飯後時間，難得清靜，女皇睡在軟綿綿的床上，全身有一種放鬆的感覺。

女皇生了一個多月的病，這幾天病情減輕，人也比較有精神，她側耳而聽，四周靜悄悄地，沒有任何聲音，皇宮又回到平靜的狀態。

這幾年，張易之兄弟進了宮，讓皇宮做了大改變，女皇每天有大小宴席，看歌舞表演，聽各種笑話，看小丑們演戲，紙牌賭博，和俊男們肌膚相親，這些都女皇年輕時從來沒有享受過，甚至沒看過的事，竟然成為女皇的日常生活。

女皇輕輕地嘆口氣，變化太大了，她不自覺地笑起來，心裡想著：人們都說男人愛女色，其實，女人也愛男色呀！告子說：「食、色，性也。」孟子說：「好色，人之所欲。」告子和孟子都沒說好色是男人的專利，其實，女人一樣好色，只是女人沒有機會明目張膽地表現好色的本性而已。現在，自己做了皇帝，無所顧忌，才有機會親近男色，發現男色竟然使自己這麼快樂，像是進入仙境一般。現在，她能體會夏桀何以寵愛妹喜，商紂何以寵愛妲己了！

不過，他雖沉迷在男寵之中，但她可不想做亡國之君，那夏朝的桀和商朝的紂王都是沉迷在女色後，不再振作，以致亡國，她卻要振作起來，她在享受男色的樂趣之下，也要關心國事，因為她一生最害怕的事就是失去權位。

於是，女皇拿起了桓彥範的奏章。

四十一、朝臣們的憂懼

女皇在床上慢慢坐起來，兩個宮女趕快過來，拿了兩個枕頭墊在女皇的背後，讓女皇半坐半躺著。

女皇吩咐取來兩隻大蠟燭，放置在床邊。她拿起桓彥範的奏章，仔細閱讀。她病了一個多月，經常昏昏沉沉，全身乏力，這幾天病情漸好，也略有精神和體力。看完桓彥範的奏章，開始沉思起來，她本是一個多疑之人，她想：

——為什麼朝廷上有這麼多朝臣要攻擊張易之、張昌宗兄弟？

——張氏兄弟貪污受賄賂，她心裡有數，她不在乎貪污納賄，朝臣們攻擊張氏兄弟的罪名，除了貪污納賄之外，還有謀篡大位，這是真的嗎？

——張氏兄弟常常大宴賓客，他們一定有了黨羽，她知道宰相楊再思就是張氏兄弟的黨羽。那麼，韋安石、宋璟、桓彥範這些人是不是也結了黨？他們攻擊張氏兄弟是否朋黨之爭呢？

——張氏兄弟在自己面前，溫馴得像小白兔，但是，他們到了外面是什麼樣子呢？還是小白兔嗎？會不會變成老虎？狼？或者狐狸？

——自己寵愛張氏兄弟，就像男皇帝寵愛妃子一樣，為什麼要大驚小怪？朝臣們也只是勸勸男皇帝別太寵妃子了，可沒有攻擊那妃子，要把那妃子置於死地。現在，朝臣為什麼要直接攻擊張氏兄弟？甚至要處死張氏兄弟？這是不是太過分了？

——她熟讀歷史，記得當男皇帝太寵愛一個妃子而危害國家之時，一些正直忠貞的臣子都會冒死諍諫，她平常就很佩服歷史上那些不怕死的臣子。現在，宋璟、桓彥範攻擊她的男寵張氏兄弟，她也能諒解宋璟、桓彥範的心理，她相信宋璟、桓彥範都是像歷史上的忠臣一樣，是正人君子，對她也是忠心耿耿，所以她不會用強力來除掉他們。但是，要什麼方法才能化解他們和張氏兄弟的對立呢？

女皇搖了搖頭，輕輕嘆了一口氣，她對這些問題找不到答案，不過，她有了一個結論，她自己身體不好，朝廷大臣要以和為貴，她要讓宋璟等人和張氏兄弟的緊張關係降溫。

不久，張昌宗進了宮，悄悄地走進女皇的寢宮，發現女皇坐在床上，立刻向前，為女皇按摩。

為了服侍女皇，張昌宗特地去學了按摩，他的按摩手法有力而柔軟，讓女皇全身舒暢。

女皇閉著眼，享受著俊男為她全身按摩。

第二天，女皇上朝，面對文武百官，精神奕奕，看來健康情況大有進步。

宰相崔玄暐奏報女皇，張昌宗的案子不可擱置不辦，否則無以向天下百姓交待。

女皇覺得朝臣們把這案子盯得好緊，宋璟公然違抗聖旨，就是把生死置之度外，這股力量恐怕不是她再下聖旨就能化解得了，於是，她點點頭，同意三法司繼續審理張昌宗的案子。

過了兩天，三法司的判決出爐，建議要將張昌宗斬首。

女皇坐在寶座上，她沒有批准三法司的判斷，面對朝臣，朝臣們談的又是張昌宗案子。

御史中丞宋璟請求女皇准許時張昌宗囚禁下獄，女皇說：「昌宗已經把請術士占卜的事奏報，朕已經知道了，這案子又何必再追究呢？」

宋璟回答道：「昌宗因為被告發，情勢不得已才向陛下報告。何況謀反大逆，豈可因自首而免罪？如果昌宗不處以極刑，那麼國家的法律就無效了。」

女皇總想保護自己的男寵，於是用溫和的語調對宋璟說：「朕知道卿守法公正，辦事一絲不苟，但這件案子，卿就放手一次吧！」

宋璟全不察顏觀色，卻板著臉，聲色俱厲地對女皇說：「昌宗過分承受恩寵，臣自知言出禍從，但義激於胸，雖死不恨。」

宰相楊再思原是依附張昌宗，眼見宋璟氣勢咄咄逼人，怕宋璟頂撞女皇過度，突然向前，對宋璟說：「聖上有旨，宋璟退下。」

宋璟立刻大叫說：「聖主在此，用不著宰相擅自宣布敕命。」

不知道是宋璟視死如歸的態度感動了女皇，還是女皇生病失去了鬥志，女皇面對宋璟的抗爭，竟然軟化了，女皇對宋璟說：「好了，卿不要再爭了，朕命昌宗到御史台來，卿可親自審問。」

宋璟一聽，立刻跪下叩頭：「皇上聖明，臣一定稟公辦理。」

回到後宮，女皇立刻召來張昌宗，要張昌宗到御史台報到。

張昌宗一聽，就俯伏在地下大哭：「那宋璟恨我入骨，我進了御史台，必死無疑，陛下要我去御史台，是把我送入虎口，陛下救命啊！」

女皇摸摸張昌宗的頭，安慰道：「你放心，我要你去御史台，是給宋璟一個面子，讓他有台階可下，以後別再抗爭了，朕會救你平安回來的。」

張昌宗滿臉是鼻涕眼淚，仰起頭，像小孩對媽媽說話：「陛下一定要來救我啊！」

傍晚，張昌宗獨自來到御史台。

御史中丞宋璟在大廳接見張昌宗，兩人正談了幾句話，忽然，一個宦官急奔而來，後面跟著幾名皇宮衛隊，宦官手裡拿著女皇的聖旨，當著宋璟面前宣讀聖旨，聖旨內容極為簡單，宣布特赦張昌宗一切罪名，立即釋放張昌宗。

於是，張昌宗大搖大擺走出御史台。

望著張昌宗的背影，宋璟恨恨地長嘆一聲：「未能將這小子腦袋擊碎，悔之莫及。」

當時，多數的朝臣都和宋璟、桓彥範有同樣的想法，他們對張易之、張昌宗掌權得勢有著深深的憂慮和恐懼。

為什麼朝臣們對張氏兄弟會有憂懼感呢？因為女皇已經年過八十，身體明顯急速衰弱，如果女皇有一天死亡了，臨終時身邊只有張氏兄弟，並無別的大臣，則張氏兄弟可能假造一份女皇的遺詔，遺詔中說要將皇位傳給張易之或張昌宗，這份遺詔誰能指責是假的？朝臣們要不要接受這份假遺詔？依照中國人傳統觀念和習慣，除非造反，否則就得接受，那麼，張氏兄弟豈不輕而易舉地就登上皇位了嗎？

這種假造遺詔而登上皇位的事在歷史上早就發生過。

秦始皇有二十幾個兒子，沒有立哪一個兒子為太子，因為秦始皇認為太子是皇位繼承人，太子會虎視眈眈地盯著皇帝，希望皇帝早死，太子便可以登上皇位，秦始皇不想死，他在尋找長生不死之藥，所以他不立太子。

秦始皇的長子扶蘇被派到前線去監督將軍蒙恬。秦始皇三十七年，巡行全國，七月，在路途中得了重病，始皇病危時，寫了一份詔書給扶蘇，命令扶蘇趕回京城咸陽，負責辦理喪事。

詔書寫好，尚未蓋皇帝的玉璽，身邊的宦官趙高將詔書壓下來，沒有發出，這時，秦始皇死了，趙高和宰相李斯商量，決定保密，不宣布始皇的死訊，知道始皇死亡的人只有隨行的始皇的小兒子胡亥、宦官趙高、宰相李斯和少數幾個宦官。

趙高曾教胡亥法律，師生二人感情很好，趙高以私人利害說服宰相李斯，共同將始皇生前尚未發出的詔書毀掉，另外偽造了一份詔書，送去給扶蘇，詔書的內容是賜扶蘇自殺。另外又偽造一份詔書，立胡亥為太子。

四十一、朝臣們的憂懼

扶蘇接到假詔書，便自殺了。

載著始皇屍體的車子回到咸陽，趙高才宣布始皇死亡，太子胡亥繼承皇位，這就是秦二世皇帝。

胡亥能當上皇帝，是靠著趙高和李斯偽造的詔書。如果張氏兄弟也在女皇死亡之時假造詔書，傳位給張氏兄弟中的一人，那麼，豈不是胡亥的再版嗎？秦朝的臣子們無法指出立胡亥的詔書是假的，只得乖乖地接受胡亥坐上皇帝寶座的作為，難道現在的朝臣們也要叩拜坐上皇位的張易之或張昌宗嗎？

朝臣們的憂懼越來越深，漸漸地凝聚成共同的焦慮。

四十二、五人之謀

女皇感覺到朝臣們和張易之、張昌宗兄弟的對立變得更尖銳，這種尖銳的對立對張氏兄弟不利，於是，女皇命剛從御史台回來的張昌宗去拜訪宋璟，希望用低姿態來化解宋璟心中的怒氣。

第二天，張昌宗親自到宋璟家，登門求見，沒想到固執的宋璟竟然拒絕，讓張昌宗吃了閉門羹，敗興而返，女皇心想的調解失敗了。

長安四年（西元七〇四年）十二月，在洛陽的街頭發現一些類似廣告或海報的紙張，張貼在牆壁上，寫著：「易之兄弟謀反」，沒有具名，也沒有詳細內容。

主管洛陽治安的官員派人到洛陽幾條大街，把字條撕下來。但是，第二天，大街的牆壁上又出現貼了同樣的新字條，究竟是誰貼的？查不出來，這令洛陽官員傷透腦筋。

有人把這事報告女皇，也許由於生病體弱，女皇對這事懶得管，沒有指示如何處理。於是，「易之兄弟謀反」幾個字在洛陽街頭隨處可見。

第二年，神龍元年（西元七〇五年）正月，女皇的病情忽然轉劇，躺臥在迎仙宮，守候在女皇身邊的只有張易之、張昌宗兄弟，其餘的大臣一概不見，連兒子、女兒也不許前來探望。女皇下令，一切朝政都交給張氏兄弟處理決定，換句話說，張氏兄弟成了皇帝代理人。

這種情勢讓朝臣們緊張萬分，他們不知道女皇何時會駕崩，他們不知道張氏兄弟會不會拿出偽造的女皇詔書登上皇位，他們不知道明天會發生什麼事。

一個夜晚，在宰相張柬之家裡，悄悄地進來四個官員，他們進入書房，關上門窗，低頭細語在密談。

張柬之是十月才擔任宰相，早在狄仁傑還活著的時候，女皇請狄仁傑推薦有能力可以肩負國家重任的宰相人才，狄仁傑就推薦張柬之，於是女皇調張柬之到中央來做官，但並未任為宰相，一直到去年十月，才被任命為相，這時張柬之已經八十歲了。

在密室內有五個人在商談，除了張柬之外，還有宰相崔玄暐、中台右丞敬暉、司刑少卿桓彥範、相王府司馬袁恕己。張柬之雖然任宰相才三個月，但處事老練，很有領導才能，首先問口說：「諸位兄台，今天邀請各位前來，是要談目前的大局。皇上身體不好，最近已經又有好幾天沒上朝了，我們都見不到皇上，皇上身邊只有二張侍候，而且

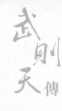

皇上竟讓二張代為批閱公文，如果這樣下去，二張一定引進他們的黨羽，占據朝中重要官職，結成一股勢力，那麼，後果將十分可怕。」

桓彥範接口著：「以目前狀況來觀察，最危險的事是皇上忽然駕崩，那時皇上身邊只有二張，別無大臣，二張就可以假造皇上的詔命，宣布傳位給二張，我們怎麼辦？我們接受這個假詔書嗎？」

崔玄暐說：「不接受成嗎？沒有人有證據證明詔書是假的啊！」

袁恕己說：「如果不接受，那就是造反了。」

敬暉說：「二張不足以服人心，要造反就大家一起造反吧！」

張柬之用沉重的語氣說：「造反之事是不可以做的，那會羞辱門楣，貽禍子孫。我有一個主意，我們何不先下手除掉二張，二張一死，危險就解除了。」

崔玄暐搖搖頭道：「殺掉二張談何容易，還記得上個月宋璟要審判張昌宗，卻被皇上救走了。二張在皇上包庇下，誰也動不了他們一根寒毛。」

張柬之道：「如果用正常的方法當然動不了二張，但如果用非常手段，就可以除掉二張。」

四個人都睜大眼睛看著張柬之：「非常手段，什麼非常手段？」

張柬之放低了聲音說：「政變呀！」

這「政變」兩個字像顆炸彈，嚇得四個人都目瞪口呆。

崔玄暐首先回過神來，說：「政變要有武力支持，我們五個人手上都沒有軍隊，怎麼政變得了？」

張柬之道：「我來想辦法拉攏幾個擁有兵力的將軍，要他們支持。此外，我們要擁護太子復位，使大唐國號得以恢復。」

桓彥範說：「太好了，大唐國號恢復，這是大家的心願，我願意去說服太子。」

張柬之用極為慎重的語氣說：「今天我們五個人的商議是極為機密的事，大家絕對不可以洩露出去，否則，事情不成，還會牽連千百條人命。」

崔玄暐說：「我們一齊對天發誓，絕不洩漏，絕不退縮，絕不變心。」

於是，五個人一同跪下起誓。

第二天，張柬之去找右羽林衛大將軍李多祚，柬之說：「將軍今天的富貴是誰給你的？」

李多祚回答道：「是大帝啊！」

李多祚說的「大帝」是指唐高宗李治。

張柬之說：「現在大帝的兒子正受到那兩個奸佞的迫害，可能儲位難保，難道將軍不想報答大帝的恩德嗎？」

於是，張柬之把張易之、張昌宗的作惡和大家擔心二張奪取皇位的事說了一遍。李多祚久在官場，對二張的事早已耳聞，對二張極為不滿，便堅定地回答道：「只要有利於國家，我願聽從相公的安排，決不會顧念自己和妻子的性命。」

於是，李多祚指著天地發誓，願意參加政變之謀。

張柬之接著找右羽林將軍楊元琰，楊元琰和張柬之是老朋友。久視元年（西元七〇〇年），張柬之由荊州大都督府長史調到中央任官，接任荊州長史的人就是楊元琰，兩人交接印信以後，一同乘船到江中遊玩。兩人在船上談論國是，談到女皇登基改國號為周，唐祚中斷，楊元琰顯得情緒激動，表示如有機會，盼望能恢復唐室。張柬之對楊元琰的談話牢記在心，等到張柬之當了宰相，立刻任命楊元琰為右羽林將軍。

張柬之對楊元琰說：「你還記得當年我們在江中船上的談話嗎？」

楊元琰說：「當然記得。」

張柬之說：「把你任命為右羽林將軍是有用意的，你想恢復唐室，今天就是時機了！」

於是張柬之把計謀對楊元琰說了，楊元琰立刻點頭答應參加行動。

接著，任命桓彥範、敬暉和張柬之的朋友李湛為左右羽林將軍。

張柬之為什麼那麼重視羽林將軍呢？因為左右羽林軍是皇宮的禁衛隊，把守皇宮進出門戶，負責皇宮的安全，掌控羽林軍，才能掌控皇宮。張柬之拉攏李多祚、楊元琰，又要參與定計的桓彥範、敬暉及好友李湛進入羽林軍，就是要掌控羽林軍。

桓彥範、敬暉、李湛擔任羽林將軍有點奇怪，張易之對這項人事調動有點懷疑。張柬之察覺到了，便也任命張易之的同黨武攸宜為右羽林大將軍，張易之看到調動名單內有武攸宜就放心了。武攸宜是武家的人，過慣了榮華富貴的生活，對帶領軍隊毫無興趣，他自覺掛名大將軍就好了，不想過問軍務。左右羽林軍實際上的總指揮是李多祚。

桓彥範覺得政變之事，成敗未卜，生死前途難以料定，這事應該稟告母親。桓彥範把事情原委說完以後，母親握住桓彥範的手，堅定地說：「忠孝不能兩全，我兒既受國家爵祿，應當以國事為先，家事為後。我兒盡忠報國，不要顧念家小，只是做事時一定要小心。」

桓彥範說：「孩兒謹記母親的教訓，從今天起，孩兒就要住在羽林軍軍營中，不能回家，請娘多多保重，恕孩兒不孝！」

說完，桓彥範跪下來向母親磕了三個頭，站起來，轉身大步向前走，他不敢回頭，淚水流滿了臉頰，他仰著頭，出了家門。

四十三、政變

張柬之等五人設計的政變，關鍵人物是太子李顯，因為政變的目的是要擁立太子李顯做皇帝，太子李顯是政變的凝聚力，也是政變的招牌。

但是，作為政變核心人物的太子李顯事先是完全不知道政變計畫的，張柬之知道要太子李顯答應參加政變是很難的事，但這卻是最重要的一環，只許成功不許失敗。張柬之也知道政變之事不能讓太子早知道，因為太子極可能洩漏機密。

政變之日選在神龍元年正月二十日。

前一天的清晨，太子來到皇宮的北門，北門的正式名稱是玄武門。北門進入皇宮的內宮比較近，皇親貴族欲進內宮都走玄武門，玄武門又是皇宮禁衛隊羽林軍司令部的所在地，戒備森嚴。太子到達玄武門便進入貴賓接待室，等候宦官入宮稟告女皇。

這是太子每天例行的功課，每天早晨要進宮向女皇問安，表示孝道。但最近一個多月，女皇臥病在床，都不接見太子，太子只得回府。

這天，似乎沒有例外，宦官出來傳達女皇的旨意：「太子不必入宮覲見。」

當宦官宣達女皇的旨意後，太子準備離去，桓彥範和敬暉兩人進入貴賓室，叩見太子。

太子認識桓彥範和敬暉，便笑著說：「今天是兩位值班嗎？」

桓彥範、敬暉恭敬地答道：「是。」

接著桓彥範將貴賓室內侍候太子的宦官支使離開，然後，關起門窗，在太子耳邊，低聲報告了政變的計畫，太子大吃一驚，張大了嘴。

敬暉在另一邊對太子低聲說：「二張對殿下為害極大，他們想奪皇權，當然容不下殿下，所以，這次行動消除二張，對殿下是有利的。」

太子一想，對呀！二張奪取皇權，一定先要排擠掉他，他是皇權的合法繼承人，如果不把他除掉，二張怎能得到皇位呢？為了自保，太子覺得要支持政變，於是，握住桓彥範和敬暉的手說：「好的，我同意。」

桓彥範說：「殿下，茲事體大，請殿下務必保密，千萬不要告訴任何人。」

太子點點頭，離開了北門。

第二天，天還沒亮，張柬之就來到玄武門，崔玄暐、桓彥範、左威衛將軍薛思行等率領左右羽林軍士兵五百餘人守候在玄武門外。

張柬之派李多祚、李湛和駙馬都尉王同皎去迎接太子。

太子李顯見李多祚等人來到，心裡忽然恐慌起來，他想這是一件大事，如果失敗，後果如何？他想到已死的兩位哥哥，讓他膽戰心驚，他又想到兒子重潤和女兒永泰公主，只是私下談論二張，就被母親逼得自殺，如果這次誅殺二張的行動失敗，自己的性命必然不保，多可怕的事啊！

太子想到這裡，便坐著不動。

李多祚、李湛、王同皎催促太子快走，太子搖搖頭說：「不去了！」

王同皎急得滿頭大汗，對太子說：「先帝將皇位傳給殿下，殿下的皇位卻被人奪去，不但被廢，而且還被幽禁，殿下的遭遇人神共憤，到現在已經二十三年了。現在老天爺賜給忠臣們良機，北門的禁衛軍和朝廷臣子們同心協力，要來誅殺奸佞小人，恢復李氏社稷，請殿下暫時到玄武門，以滿足眾人的期望。」

太子說：「那兇險小人的確該殺，但皇上正在病中，這樣的行動豈不驚嚇皇上？諸位還是停止行動，以後慢慢再想辦法吧！」

李湛急得跪下來，說：「殿下難道不想一想，宰相們和羽林軍的將軍們不顧家族，願意以身殉國，殿下忍心把他們置之死地嗎？請殿下自己出去，和他們講明白吧！」

李多祚大聲叫道：「殿下不要反悔，趕快走吧！」

太子見情勢至此，只得站起身來，王同皎趕快上前扶著太子上馬，直奔玄武門。

在玄武門外，張柬之等人守候著，焦急萬分。好不容易看到了桓彥範等陪著太子騎馬而來，立刻吩咐打開玄武門，讓太子等人進去。

這時，女皇尚未甦醒，張易之、張昌宗二人正在走廊上喝茶聊天。

張易之輕聲地說：「皇上身體越來越差，病情不樂觀，我們該做準備了。」

張昌宗露出神秘的微笑說：「我已經有準備了，皇上的詔書我已有了腹稿，只等皇上昏迷，我就可以宣布詔書，那時就是張氏的天下了。」

突然，張易之發現有許多人闖了進來，仔細一看，領頭的人是宰相張柬之，後面跟著右羽林衛大將軍李多祚，再後面是一隊軍士。

張易之覺得情勢不妙，叫張昌宗回頭看。兩人覺得不可置信，內宮重地，宰相未被宣召，怎麼可以擅自闖入？正遲疑間，張柬之等已來到面前，張易之正想責問，張柬之舉起右手，指著張易之、張昌宗，幾個軍士立刻向前舉刀砍向張易之、張昌宗，張氏兄弟還沒弄清楚情況就死在刀下。

張柬之命令軍士們將女皇的寢宮團團圍住。

女皇躺在床上，聽見外面有很多人走路的聲音，又有兵器碰撞的聲音，覺得怪異，便問身旁的宮女：「外面發生了什麼事？」

這時，張柬之進來了，跪在床前說：「張易之、張昌宗謀反，臣等奉太子殿下之命，已將逆賊殺死。事先恐怕事機洩漏，沒敢奏報陛下。臣等興兵宮禁，驚動聖駕，罪該萬死。」

女皇聽了張柬之話，腦中像雷轟一般，幾乎暈過去，閉著眼，臉色慘白，口中喃喃自語：「反了！反了！」

這時，太子和桓彥範等人也進入室內，太子跪在女皇床前，流著眼淚，低聲叫著：「皇母，陛下，請醒醒！」

女皇睜開眼，看見是太子，軟弱地說：「這件事是你指使的嗎？」

太子點點頭，女皇沉默了一會兒，說：「既然張氏兄弟已經被你殺了，事情也就結了，你回去吧！」

桓顏範趕緊說：「太子怎麼能回東宮呢？先前，大帝將愛子託付給陛下，現在太子年紀已經不小了，在東宮的時候太久了，天意人心都思念李氏，群臣不忘太宗和天皇的恩德，才奉太子之命殺了叛逆賊臣，希望陛下傳位給太子，以上合天意，下順民心。」

女皇看著站在室內的一群人，發現有李湛，原來李湛是李義府的兒子，李義府是女皇做昭儀時依附女皇的人，女皇當了皇后後，提拔李義府做到宰相。女皇對李湛說：「你也是殺易之的將軍嗎？我對你們父子不薄，你怎麼會這樣做呢？」

李湛面有愧色，沒有回答。

女皇又對崔玄暐說：「別人都是經過推薦進入朝廷做官，只有你是我親自提拔的，你怎麼也在這裡呢？」

崔玄暐說：「臣這樣做，正是要報陛下的大恩啊！」

女皇知道大勢已去，整個皇宮控制在別人手裡，自己全身軟弱，連坐起來的力氣都沒有，她想發脾氣，她想罵人，她想殺人，但她虛弱得連講話都感到困難，以往的威勢，好像消失得無影無蹤。她感覺到自己不再是呼風喚雨的天神，倒像是困在沙灘上的鯨魚，只好任人擺佈。

於是，女皇閉上了眼睛。

不知道過了多久，女皇再睜開眼，發現室內空空如也，所有的人都走了，連宮女都不在，她覺得好安靜，靜得聽得到自己略帶喘急的呼吸聲。

她不知道未來會有什麼發展，前途好渺茫，這是她有生以來從未有過的感覺。她不敢多想，又閉上了眼。

四十四、上陽宮落葉

神龍元年（西元七〇五年）正月二十二日，就是政變後的第三天，女皇宣布傳位給太子李顯。二十三日，太子即位，這是唐中宗再度登上皇帝寶座。

望著群臣們俯伏跪拜在大殿之外，唐中宗百感交集，想起二十二年前，第一次登上皇位，心裡的興奮真是無法形容，不料，才兩個月，就被母親拉下了皇位。從此，不但失去了萬丈的光芒，甚至沉陷在死亡的恐懼陰影之下，每天都有朝不保夕的不安，現在，這個憂慮總算過去了，母親重病臥床，不可能成為威脅了。他長長地呼了一口氣，露出滿足的微笑。

皇帝登基，第一道敕令就是大赦天下。張易之、張昌宗的弟兄張同期、張同休、張昌儀已在政變那天下午全都斬首處死了，唐中宗大赦的對象主要是被周興等酷吏陷害的人，已死的予以平反，未死的全部免罪，至於張易之的黨徒則不赦免。此外，唐中宗的弟弟相王李旦加封號為安國相王，任命為太尉同鳳閣鸞台三品，就是宰相，妹妹太平公主加封號為鎮國太平公主，李氏皇族中被流放或除名的人，縱使本人已死，子孫都恢復皇族身分，列入皇族名冊，並且酌量給予官爵。

二十四日，退位的女皇搬到上陽宮。

二十五日，唐中宗率領文武百官到上陽宮，給女皇上尊號：「則天大聖皇帝」。

唐中宗再度登上皇位，當然是靠著張柬之、崔玄暐、桓彥範、敬暉、袁恕己等五個人計畫發動的政變，所以，唐中宗即位後便任命這五個人都做了宰相，並且賜爵郡公，李多祚功勞不小，賜爵遼陽郡王，王同皎升為右千牛將軍，李湛為右羽林大將軍，封趙國公，其他參與政變的人都加以升官封爵。

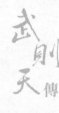

當政變發生那天，殿中監田歸道率領一隊騎兵駐守玄武門，敬暉派人通知田歸道，要田歸道領騎兵來助陣，由於田歸道事先並不知道張柬之等人發動政變之事，不肯領兵前來助陣。政變成功之後，敬暉要求誅田歸道，田歸道辯護說：「政變之事，我在事先並不知道，我領兵的任務是守護皇宮城外，忽然要我領兵到玄武門內，我不知道是什麼緣故，所以，我仍然堅守的職責，防守皇城，我有什麼罪過呢？」

田歸道說得有道理，張柬之等人主張田歸道免死，只是革去官職，成為平民。唐中宗則認為田歸道盡忠職守，是個好官員，決定任命田歸道為太僕少卿。

當女皇遷居到上陽宮的時候，宰相姚崇獨自嗚咽流淚，張柬之對姚崇說：「今天普天同慶，豈是你痛哭流淚的時候，恐怕你要招禍了。」

姚崇回答道：「我事奉則天皇帝很久了，忽然要和則天皇帝別離，心裡忍不住有悲傷的感覺。我前天跟從你一同起來誅除姦逆，那是做臣子該有的義，今天和舊君辭別，這也是臣子該有的義。如果因此而獲罪，我也是心甘情願的。」

過了不久，姚崇就外派出去，任亳州刺史。

退位後的則天皇帝獨居於上陽宮，身旁只有兩個上了年紀的宮女陪伴，唐中宗和御醫每十天會來一次，此外，上陽宮沒有訪客。所以，武則天在上陽宮的日子是十分冷清孤寂的。

其實，這時的武則天身體非常虛弱，連站起來到院子裡去散步都要人攙扶，而且很吃力，所以她幾乎整天躺在床上，有時頭腦清醒，有時昏昏沉沉。

當頭腦清醒時，她會想到往事，一幕一幕，歷歷在目，讓她時而悲傷，時而喜悅，她感覺到這一生真是多采多姿，高潮迭起。

她的第一任丈夫唐太宗是多麼英明有為，從他的身上，她學到許多做領袖的智慧，如果沒有在唐太宗身邊的十二、三年訓練，就不可能有後來的表現。她的第二任丈夫唐高宗是和唐太宗完全不同的人，膽小懦弱又優柔寡斷，這正好讓她施展她的能力，給她千載難逢的機會，使她能成為自古以來唯一登上皇帝寶座的女人，看著千萬男人跪在地上向自己叩拜，這是多麼值得驕傲的事啊！天下的女人誰能比她更光彩榮耀呢？

她的嘴角不自覺地露出微笑。

她的第三、四、五任丈夫，不，不是丈夫，是情夫，不，不，連情夫恐怕都不是，那是玩物。不過，這些玩物實在有趣，讓她享受到年輕時未曾嚐過的人生，尤其是張易之、張昌宗那兩個可人兒，不但使她肉體得到滿足，也使她的心得到舒暢，讓她知道生活還有輕鬆享樂的一面，這兩個可人兒，年紀比她的孫子還小，可是，她和他們肌膚相親，他們像她的丈夫，又像她的兒子，又像她的寵物，那種親密的感覺不是單一的丈夫或兒子所有的，它不是愛情，也不是親情，那種感覺是只能意會不能言傳的，但可以肯定的那是一種「慾」的滿足。

張易之、張昌宗謀反？那是絕對不可能的事。她心裡清楚得很，朝廷的大臣們雖然都是她提拔任用的，但是那些大臣中多數是心懷唐室，想要恢復李姓王朝的人，張柬之、桓彥範、敬暉、李多祚這些人表面上臣服於她，但在內心深處仍然埋著大唐帝國的種子，只要時機許可，這種子就會發芽、長枝、長葉。當年，她用酷吏只能把地上露出的芽、枝、葉及樹幹砍掉，卻沒法把泥土下面的種子清除掉，到了今天，種子長成了大樹。她清除的工作做得不徹底，現在是自食其果。

張易之兄弟謀反？那只是張柬之等加的罪名，她在政治舞台上打滾了幾十年，對政治的觸角是十分敏感的，她知道張易之兄弟貪污納賄，生活奢侈，但是張氏兄弟沒有政治才幹，更缺少政治領導能力，所以，有些朝臣會巴結張氏兄弟，卻還沒有結成強固的黨派，張氏兄弟的榮華富貴全是恃仗她而得來的，他們是她的弄臣而已，她根本不認為張氏兄弟有謀反的能力，更沒有謀反的動機。張柬之等強指張氏兄弟謀反，全無證據，也未審問，就把張氏兄弟殺掉，其實，那只是藉口，真正的目的是要除掉她。

她嘆了一口氣，政治原本就是極為現實的，力量大的打擊力量小的，她自己不也是這樣嗎？她這一輩子給別人加過多少莫名其妙的罪名？誅殺了多少無辜的人？她自己也算不清。現在，這種抹黑的事竟發生在自己最寵愛的人的身上，唉！這也許是報應吧！

她閉上眼睛，覺得頭好暈，整個屋子好像在慢慢轉動。

她的身子似乎飄了起來，她發現自己置身在一座樹林之中，高聳的樹幹，茂密的樹葉，使這裡顯得幽暗，她環顧四周，沒有一個人，沒有一點聲音。她想，她該找到方向，離開這個陰冷的地方。

忽然，她看到從一棵大樹後面，走出一個全身白衣的人，仔細一看，這人披頭散髮，白布上到處是血跡，那不是蕭淑妃嗎？蕭淑妃死了幾十年，怎麼可能復活？那一定是鬼了。她心裡打了寒顫，身上汗毛豎立起來。她想向後跑。剛回頭，發現背後不遠的地方站著另一個長髮垂胸的白衣人，也是滿身血跡，那不是王皇后嗎？蕭淑妃和王皇后為什麼出現？莫不是向她索命？

她想逃走，但前後兩個白衣人像飛一般就到了她的身邊，她們向她伸出雙手，啊！這四隻手全滴血，她嚇得大叫。

一隻手搭上了她的肩膀，她聲嘶力竭地吼叫，突然，她睜開眼，發現自己躺在床上，老宮女正在推她。

老宮女緊張地低下頭問道：「陛下，你醒醒！你幹嘛大叫？」

她用微弱的聲音說：「做夢，可怕的惡夢！」

她虛弱得連呼吸的力氣都快沒有了。

於是，她又昏昏沉沉睡去。

一個又一個的惡夢襲擊她，那些被她害死的人不斷地在夢裡出現，讓她不斷驚叫，也使她一天比一天虛弱。

神龍元年（西元七〇五年）十一月二十六日，寒風冽冽，洛陽上陽宮的院子裡，落葉滿地，武則天停止了呼吸，離開了這世界，結束了她的人生，享年八十二歲。

接著頒布了遺詔，當然，這遺詔是她本人寫的或是別人替她寫的，誰也不知道，但確是由皇宮正式宣布的，遺詔的內容主要是刪去皇帝稱號，改稱「則天大聖皇后」，王皇后、蕭淑妃的家族和褚遂良、韓瑗、柳奭的親屬都予以赦免。

神龍二年（西元七〇六年）五月二十八日，武則天的靈柩安葬於陝西的乾陵，和唐高宗李治合葬在一起。

四十五、無字碑

武則天去世以後，葬於陝西乾陵，在陵墓前照例有一座墓碑，一般的墓碑都是寫著亡者的生平事蹟和評價，武則天的墓碑是一塊完整的巨石，高七公尺，寬二公尺，碑身兩側各刻著一條向上飛升的龍，但碑面上卻是完全沒有文字，因此，被人們稱為「無字碑」。據說碑上不寫文字是武則天臨終時的囑咐，她似乎在暗示，她一生的功過由後人各自評斷吧！

的確，後人對武則天的評論是有褒也有貶。

大致來說，唐朝人對武則天甚少責罵，武則天雖然推翻唐朝，另立周朝，但唐朝人並沒有視武則天的周朝為「偽」朝，唐朝人把武則天算成唐朝的皇帝，譬如唐睿宗命太子李隆基（即後來的唐玄宗）總管軍國刑政的詔書中便說：「我國家運光五聖。」唐人把皇帝稱為聖人，五聖就是五個皇帝，唐睿宗說我們國家經歷了五個皇帝，在唐睿宗以前的皇帝依序是：唐高祖、唐太宗、唐高宗、武則天、唐中宗，剛好是五個，如果刪去武則天，那便只有四聖而不是五聖了。詔書是政府正式公文書，詔書裡把武則天也列入唐朝皇帝名單中，就表示唐朝政府接納武則天。從唐朝的史料中觀察，武則天改國號為「周」的十五年歷史，唐人仍然視為唐史的一部分，武則天改國號，唐人不認為是唐朝滅亡，而唐中宗第二次登基，恢復「唐」國號，唐人也認為不能和漢光武帝相比稱為「中興」。唐朝人把武則天放在李唐帝國的法統之中，只不過其中十五年稍稍有些「出軌」，不過，她死後回復了「皇后」的身分，又回到軌道了。

唐朝末年，在武則天出生的四川廣元（利州）有一座皇澤寺，廟裡就塑造了武則天像，供人膜拜，唐末詩人李商隱就有詩歌詠利州武后廟，可見到了唐末，武則天竟成為人們膜拜的神靈。

武則天死後，唐朝繼續維持達二百年之久，這二百年中，武則天一直有著崇高的地位，受人尊敬，很少貶責，主要有四個原因：

（一）繼承武則天的唐中宗、唐睿宗，他們都是武則天的親生兒子，從唐睿宗以後一直到唐朝滅亡，還有十五個皇帝，全都是武則天的嫡傳後代，他們都不能貶抑自己的母親或祖母，也不能指武則天的周朝是「偽朝」，所以，唐中宗復辟以後，張景源對唐中宗說：「母子承業，不可言中興。」權若訥也對唐中宗說：「母子君親，前後相承，周唐寶曆，俱為正統。」唐中宗都欣然接納，並嘉獎張景源和權若訥。唐朝歷任皇帝沒有人否定武則天，臣民便不敢妄加非議。

（二）唐代佛教盛行，武則天是佛教信徒，又提升佛教的地位，於是容易獲得廣大佛教信徒的尊敬與擁護。

（三）武則天提倡進士科，使平民得以藉考試而晉身政壇，唐代士大夫視為德政，對武則天不會產生惡感。

（四）唐代婦女社會地位較宋、明、清為高，女子參預政治並未視如洪水猛獸，大逆不道，因此，唐人並不以歧異的眼光來批評武則天。

從宋朝以後，指責武則天的聲音逐漸浮現，南宋理學家朱熹為《資治通鑑》作綱，他的弟子門人作目，成為《通鑑綱目》一書，《通鑑綱目》書中對武則天痛加責罵，甚至指武則天有九大罪狀。明末清初思想家王夫之在《讀通鑑論》一書中痛責武則天是「嗜殺之淫嫗」，認為「鬼神之所不容，臣民之所共怨，萬世聞其腥，而無不思按劍以起」。在宋代以後，對武則天斥責、怒罵的文章多得不可勝數，武則天似乎成為負面人物。

宋朝以後，人們對武則天的責罵重點是在殺人和淫亂，說武則天任用酷吏大行殺戮，是個殘忍的人，武則天公開擁有男寵，不守婦道，是個淫蕩的人。這種批評的觀點都是從倫理道德出發，宋朝到清朝將近一千年間，理學盛行，理學強調個人的道德，道德高於一切，一個沒有道德的人在其他方面縱使有許多優點，也是不受尊敬的人。從道德標準來觀察，武則天殺人不手軟，連自己的兒子、子孫、親戚都下得了手，真是不仁不義之人，加上武則天竟然公開自己的男寵們，這完全打破中國人傳統的女人要守貞節的觀念，中國人向來認為「萬惡淫為首」，男人好女色都會被指責，何況女人擁有幾個情夫，而且還公然表示自己的愛意，這種行為對強調道德就是生命的人來說，真是不可忍受的惡行，難怪會痛罵武則天是淫婦了。

如果從政治的角度來評論武則天，武則天是中國歷史上傑出的政治領袖，她懂得控制政治情勢，善於任用人才，她執政了半個世紀，這時正處在唐朝兩個盛世（貞觀之治和開元之治）之間，雖沒有貞觀時期的強盛國勢，但這半個世紀大體上社會安定，經濟繁榮，人民並無太大怨恨不滿，更培養了開元之治所需的政治人才。她重視進士科，深深地影響了以後一千多年的政治發展。如果以政治成就來看，武則天的成績比中國歷史上大多數的男性皇帝更好。

武則天是一個權力慾極強的人，她所有的努力都朝向一個目標：奪取權力。

為了權力，她可以殺兒、殺女、殺兄，殺任何人，如果指責武則天生性殘忍，喜好殺人，其實這種指責是很膚淺的。她所殺的人都是她心目中認為會妨礙她獲得權力的人，在她奪取權力的道路上，凡阻擋的人都殺無赦。她殺王皇后、蕭淑妃、太子李弘、太子李賢、李唐皇族、徐敬業、裴炎等等，都是在掃除她奪取權力道路上的障礙，她是有目的而開殺的。

武則天善用人才是被後人常稱道的，她執政期間，名相輩出，如狄仁傑、婁師德、李昭德、姚崇、魏元忠等都是才德兼備的人，但是，她也重用了殺人如麻的酷吏。所以，在她執政時期中，有一段時間是正直朝臣和邪惡酷吏同時並存的，為什麼武則天重用正直的君子，又重用卑鄙的小人呢？是武則天分不出善惡嗎？是武則天昏庸不明嗎？不是的，武則天頭腦清楚，明辨善惡，她重用正直朝臣是想藉他們的才幹治理好國家，鞏固政權，她重用酷吏是要藉他們的兇惡消滅政治上的敵人，所以，她用正直之士，也用奸邪小人，看來矛盾，其實目標是一致的：鞏固她的權力。

後人批評武則天最多的是淫蕩，她擁有幾個情夫，而且情夫都公開亮出身分，她讓那些情夫擁有權勢。其實，武則天擁有情夫時已是六十多歲的婦人了，她是否還有肉體性慾的需要，外人不得而知，但可以確定的是她有男性皇帝那種「擁有女人」的心理滿足，她可以「擁有男人」，這些男寵是她身邊的妻妾，讓她嚐到別的女人都無法品嚐到的「男主人丈夫」滋味，這也是另一種權力慾的滿足。

權力是武則天一生的主軸，任何是非、善惡、賞罰、生死，都是以權力作為衡量的標準，武則天認為凡是有利於她的權力獲得或維護的人或事，都是對的，都是善的，都可以獎賞，都可以讓他生存；反之，凡是有害於她的權力獲得或維護的人或事，都是錯的，都是惡的，都該懲罰，都可以讓他死亡。武則天一生的經歷，變化多端，但不論她走到哪一個階段，她的行為處事都不離開這個標準。瞭解了這個標準，對武則天忍心殺兒女卻萬般疼愛張易之兄弟，殺了老臣裴炎卻對狄仁傑十分尊敬，就可以理解了。

武則天死了，她的肉體離開了這世界，她的權力也隨著肉體消失無蹤，她的靈魂不論是上天堂或下地獄，她還能掌握權力嗎？她墓前的無字碑給世人一個嚴肅的反省：人生的目的只是為了權力嗎？什麼才是有意義的人生？也許武則天在臨終前都在思索這個問題。

王壽南作品集 一

武則天傳

戲說武媚娘傳奇一生

作　　　者：王壽南
發 行 人：王春申
編 輯 指 導：林明昌
副總經理兼任副總編輯：高珊
責 任 編 輯：徐平
美 術 設 計：吳郁婷

出 版 者：臺灣商務印書館股份有限公司
地　　　址：23150新北市新店區復興路43號8樓
電　　　話：(02)8667-3712
傳　　　真：(02)8667-3709
讀 者 專 線：08000056196
郵 政 劃 撥：0000165-1
E-mail：ecptw@cptw.com.tw
網　　　址：www.cptw.com.tw

初 版 一 刷：2013年9月
二 版 一 刷：2015年3月
二 版 四 刷：2017年4月
定　　　價：新台幣300元
局版北市業第993號

ISBN 978-957-05-2991-3

武則天傳 ／ 王壽南 著. --初版. --新北市：臺灣商務,
2015. 03
面 ； 公分. --(王壽南作品集：1)

ISBN 978-957-05-2991-3 (平裝)

1. (唐)武則天 2. 傳記

624.13 104002413

廣	告	回	信
板橋郵局登記證			
板橋廣字第1011號			

免 貼 郵 票

23150

新北市新店區復興路**43**號**8**樓

臺灣商務印書館股份有限公司 收

請對摺寄回，謝謝！

傳統現代 並翼而翔

Flying with the wings of tradtion and modernity.

讀者回函卡

感謝您對本館的支持，為加強對您的服務，請填妥此卡，免付郵資寄回，可隨時收到本館最新出版訊息，及享受各種優惠。

姓名：＿＿＿＿＿＿＿＿＿＿＿＿＿＿ 性別：□ 男 □ 女

出生日期：＿＿＿＿＿年＿＿＿＿＿月＿＿＿＿＿日

職業：□學生 □公務(含軍警) □家管 □服務 □金融 □製造
□資訊 □大眾傳播 □自由業 □農漁牧 □退休 □其他

學歷：□高中以下（含高中）□大專 □研究所（含以上）

地址：＿＿＿＿＿＿＿＿＿＿＿＿＿＿＿＿＿＿＿＿＿＿＿＿＿＿＿＿＿＿
＿＿＿＿＿＿＿＿＿＿＿＿＿＿＿＿＿＿＿＿＿＿＿＿＿＿＿＿＿＿

電話：(H) ＿＿＿＿＿＿＿＿＿＿＿＿＿ (O) ＿＿＿＿＿＿＿＿＿＿＿

E-mail：＿＿＿＿＿＿＿＿＿＿＿＿＿＿＿＿＿＿＿＿＿＿＿＿＿＿

購買書名：＿＿＿＿＿＿＿＿＿＿＿＿＿＿＿＿＿＿＿＿＿＿＿＿

您從何處得知本書？

□網路 □DM廣告 □報紙廣告 □報紙專欄 □傳單
□書店 □親友介紹 □電視廣播 □雜誌廣告 □其他

您喜歡閱讀哪一類別的書籍？

□哲學・宗教 □藝術・心靈 □人文・科普 □商業・投資
□社會・文化 □親子・學習 □生活・休閒 □醫學・養生
□文學・小說 □歷史・傳記

您對本書的意見？（A/滿意 B/尚可 C/須改進）

內容＿＿＿＿＿＿編輯＿＿＿＿＿校對＿＿＿＿＿翻譯＿＿＿＿＿
封面設計＿＿＿＿＿價格＿＿＿＿＿其他＿＿＿＿＿＿＿＿＿＿＿

您的建議：＿＿＿＿＿＿＿＿＿＿＿＿＿＿＿＿＿＿＿＿＿＿＿＿
＿＿＿＿＿＿＿＿＿＿＿＿＿＿＿＿＿＿＿＿＿＿＿＿＿＿＿＿＿＿

※ 歡迎您隨時至本館網路書店發表書評及留下任何意見

臺灣商務印書館 The Commercial Press, Ltd.

23150新北市新店區復興路43號8樓 電話：(02)8667-3712
讀者服務專線：0800-056196 傳真：(02)8667-3709
郵撥：0000165-1號 E-mail：ecptw@cptw.com.tw
網路書店網址：www.cptw.com.tw 網路書店臉書：facebook.com.tw/ecptwdoing
臉書：facebook.com.tw/ecptw 部落格：blog.yam.com/ecptw